CATALOGUE GÉNÉRAL
DES
ANTIQUITÉS ÉGYPTIENNES
DU MUSÉE DU CAIRE

BIJOUX ET ORFÈVRERIES

SERVICE DES ANTIQUITÉS DE L'ÉGYPTE

CATALOGUE GÉNÉRAL

DES

ANTIQUITÉS ÉGYPTIENNES

DU MUSÉE DU CAIRE

Nos 52001-53855

BIJOUX ET ORFÈVRERIES

PAR M. ÉMILE VERNIER

TOME II. — INDEX ET PLANCHES

LE CAIRE

IMPRIMERIE DE L'INSTITUT FRANÇAIS

D'ARCHÉOLOGIE ORIENTALE

1927

CATALOGUE GÉNÉRAL
DES
ANTIQUITÉS ÉGYPTIENNES
DU MUSÉE DU CAIRE.

BIJOUX ET ORFÈVRERIES.

INDEX I.

CORRESPONDANCE
DES NUMÉROS DU LIVRE D'ENTRÉE DES MONUMENTS AU MUSÉE
AVEC CEUX DE NOTRE CATALOGUE.

N°s d'entrée.	N°s du Catalogue.
2264	52404 à 52408
2726	52232
2730	52172
2731	52451
3362	52159
3375	52378
3376	52379
3377	52380
3378	52381
3379	52409
3380	52410
3381	52411
3382	52412
3417	52390, 52391
3433	52423
3854	52301
3856	52300
3882	52803
4636	52222
4664	52664
4665	52661
4666	52658, 52659
4668	52660
4669	52668
4672	52705
4673	52645
4675	52647
4676	52646
4677	52648
4679	52068, 52069
4680	52642
4681	52666
4682	52667
4683	52004
4685	52070
4686	52071
4687	52072
4696	52073
4697	52074 à 52077
4701	52080
4702	52081
4703	52078
4704	52079
4707	52083
4708	52084
4709	52085
4710	25086
4711	52087
4712	52088
4713	52703

Nos d'entrée.	Nos du Catalogue.
4713	52704
4715	52649
4716	52650
4717	52651
4718	52652
4719	52653
4720	52654
4721	52655
4722	52656
4723	52657
4724	52082
4725	52673
	52688
	52693
	52713
	52733
5168	52206
5247	52198
5252	52204
5254	52161
5257	52161
5267	52199
5292	52551
5296	52321
5298	52522
	52523
5310	52304
5311	52213
5312	52212
5393	53205
6085	52323
6086	52324
6445	52490
	52491
6471	52372
	52373
7046	52549
	52550
8018	52302
11061	52425
11062	52426
11063	52427
11064	52428
11065	52429
11066	52430
11067	52431
13210	52413
18758	52174
19511	52692
19831	52298
20177	52530
20178	52531
20309	52169
20522	52355
	52356
21382	52432
21449	52334
	52403
22075	53211
25000	52099
	52100
25008	52105
25065	52528
	52529
25066	52521
25161	52359
	52360
25402	52799
	52800
26081	52374
	52375
26284	53225
26285	53223
26286	53224
26287	53226
	53227
26288	53220
	à
	53222
26289	53228
26291	53216
26297	52089
26297	52090
26298	52005
	52006
26425	52316
27417	52309
	52508
	52509
	52572
27458	52437
	52438
27459	52439
	52440
27507	53229
28129	53203
28130	53207
28145	52548
28197	53208
28328	52510
	52511
28441	52297
28520	52123
	52124
28601	52190
28602	52163
28604	52162
28605	52157
28606	52091
28612	52160
28613	52478
	52479
28616	52526
	52527
28617	52308
28638	52200
28662	52310
28669	52165
29353	52107
	52108
29354	52132
29355	52136
	52137

Nos d'entrée.	Nos du Catalogue.
29405	52192
29430	52533 à 52536
29431	52485 52486
29433	52557
29837	52195
29838	52295
29839	52547
29842	52546
29843	52153
30016	53202
30017	52552
30018	52196
30047	52512
30203	52458 à 52466
30268	52164
30405	52299
30406	52296
30467	52504 52505
30468	52506
30469	52303
30470	52307
30471	52154
30583	52158
30755	52167
30779	52516
30848 *a*	53163
30850 *a*	53141
30851 *a*	52917
30854	53139
30856 *a*	53140
30857	52001
30859	53143
30860-30861	53147 53148
30864	53144
30864	53145
30865	53137
30870	52233
30871	52234 52235
30872	52236 52237
30875	52002 52003
30877	53070
30878	53255
30879	53075
30882	53071
30883	52056
30884	52057
30884 *a*	53169 53170
30885	52020 52021 53101
30886	52026 52027 53161 53162
30887 *a*	53105 53107
30888	53106 53108 53168
30889	53109
30891	52244
30892	52254
30893	53078
30898	52245
30900	52238
30902	52253
30903	52240
30904	52246
30905	53094 53095
30906	53098
30906	53099
30907	52249
30908	52258
30909	52259
30910	52248 52260
30911	52251
30912	52255 52256
30914	52257
30915	52247
30916	52243
30917	52252
30918	52250
30920	52230
30921	53110
30922	53072
30924	53134
30927	53111
30933	53100
30936	53104
30937	53112
30938	53073
30940	53151
30944	53133
30984	52415 à 52420
30986	52293
31069	52982 à 52985
31072	52050
31073	53130
31075	52024 52025
31076	52063
31079	52991
31080	52945
31081	52941
31082	53053

N^os^ d'entrée.	N^os^ du Catalogue.
31085	52861 52862
31089	52916
31090	52043
31091	52044 52045
31095	52911 52912
31104	52859
31105	52860
31107	53014
31108	52942 52943 53015
31109	52944
31110	52863
31111	52864
31113	52913 52920 52921 52928 à 52931 52934 52963 52964
31113 C	52965 52966
31113 H	52967 52968
31114	52914 52922 52955 à 52958
31121	52979
31122	53029 à 53032
31123	53025 53026

N^os^ d'entrée.	N^os^ du Catalogue.
31124	52976
31125	52978
31126	52975
31127	52977
31130	52831 52925
31133	52915
31134	52924
31135	52923
31159	52127 52128
31160	52133
31161	52106
31163	52560
31173	52832
31258	52007
31303	52311
31379	53201
31380	53200
31395	53199
31396	53217
31579	52148 52149
31769	53838
31770	52138
31926	52467 à 52469
31973	52414
32071	52064
32158	52701
32740	52357 52358
33045	52111
33046	52139
33047	52151
33477	52185 52186
33605	52134
33606	52135
33701	53845

N^os^ d'entrée.	N^os^ du Catalogue.
34072	53742
34075	53742
34084	52201
34131	52477
34373	52993
34449	52802
34467	53783 à 53786
34468 et 34470	53796 53797
34469	53798
34471	53781
34472	53800
34473	53782 53782 *bis*
34474	53247
34475	53248
34476	53249
34477	53310
34478	53790 à 53793
34480	53233
34481	53314
34482	53240
34483	53235
34485	53301
34486	53237 53302 53315 53316
34487	53250
34488	53242
34490	53297
34496	53309
34497	53318
34498	53296
34499	53313
34500	53286
34501	53288

Nos d'entrée.	Nos du Catalogue.
34501	53299
34502	53295
34503	53285 53306
34504	53290
34505	53306
34507	53293 53307
34508	53287 53289 53300 53304
34509	53234 53239 53241 53298
34510	53328
34511	53243
34512	53294
34513	53245
34514	53794
34515	53244
34516	53787 53795
34518	53278
34519	53253 53292
34522	53236
34523	53333
34524	53303
34525	53799
34526	53246
34528	53781
34530	53238
34531	53280
34532	53291
34533	53358
34534	53283
34659	52424
34684	53739
34685	53752

Nos d'entrée.	Nos du Catalogue.
34686	53638
34690	53352 53353
34702 à 34717 34719	53541 à 53558
34721	52143
34722	52125
34723	52126
34724	52140
34725	52130
34726	52131
34727	52129 52141 52142
34903	52763
34903 B.	52764
34903 C.	
35054	52008 à 52011 53835
35147	52513
35189	52017 *bis* 52018 *bis*
35195	52762 52804
35353	53778
35354	53763
35355	53764 à 53767
35356	53770 à 53773
35357	53768 53769
35358	53762
35359	53761
35361	53754

Nos d'entrée.	Nos du Catalogue.
35361	53755
35362	53677
35363	53252 53252 *bis* 53756 à 53759
35365	53679 53684 53686
35369	53675
35370	53685
35372	53678
35374	53689
35375	53680
35376	53672
35379	53681 à 53688
35380 35381 35382	53741
35384	53776 53777
35386 35393 53395 35397 35399 35400 35401	53741
35420	53466
35421	53464
35422	53468 53468 *bis*
35423	53470 à 53473
35424	53467
35425	53469
35426	53474

Nos d'entrée.	Nos du Catalogue.
35426	53474 *bis*
35428	53482 à 53501
35431	53478
35432	53502
35433	53476 53477 53507
35434	53508
35435	53480 53503 53504
35436	53506
35437	53479
35439	53481
35540	53509 à 53514
35541	52313
35678	52101
35679	52102
35680	52119
35681	52120
35682	52121
35683	52112
35690	52332 52333
35693	53482
35695	53844
35696	53843
35697	53841
35698	53808
35700	53837 53846
35701	53848 53853
35703	53803
35704	53806
35705	53802
35706	53821
35706	53822
35709	53819 53820
35710	52013
35711	53804 53805
35713	53801
35714	52014
35716	52015
35717	52017
35718	53811 53814 53817
35719	53828
35720	53831 53832
35721	53833
35722	53829
35724	53827
35725	53818
35726	53815
35727	53830
35728	53813
35729	53810
35730	53809
35731	53826
35732	53816
35784	53740
35785	53750 53751
35788	53738
35796	53779 53780
35926	53753
35928	53693 53694
35929	53222
35930	53405
35931	53404
35932	53413
35933	53323
35935	53324
35936	53375 53376 53386
35937	53373 53374 53379 53381
35938	53377 53378 53384 53385
35939	53318
35940	53282 53415
35941	53416
35942	53420 à 53427 53451 à 53454
35943-35944	53281 53371 53372
35945	53320
35946	53437
35947	53380
35948	53441
35950	53442
35951	53311
35952	53326
35953	53361 53362
35954	53409
35955	53325
35956	53363 53364
35957	53417
35959	53317 53410

Nos D'ENTRÉE.	Nos DU CATALOGUE.
35960	53411
35961	53450
35962	53449
35963	53412
35964	53327
35965	53366
35966	53418 53419
35967	53447
35968	53368
35969	53439 53440
35970	53354 53355
35973	53359 53360 53365 53369 53370 53448
35974-35975	53443 à 53446
35976	53428 53429
35978	52517 53431
35979	53319
35980	53389 53390
35982	53457
35987	53391 53392
35988	53406 53407 53460 53461
35989	53334 53335 53336 53338

Nos D'ENTRÉE.	Nos DU CATALOGUE.
35989	53339 53339 *bis*
35990	53347 53455
35991	53342 53456
35992	53434 53435
35994	53340 53341
35995	53379
35996	53348
35999	53432
36000	53433
36001	53349
36002	53393 53394
36003	53244
36004	53345 53346
36005	53458 53459
36006	53350
36007	53351
36008	53343
36009	53408 53462 53463
36032	52518
36061	52103
36212	52194
36238	52168
36239	52155
36483	52305 52306
36625	52109
36679	52150
36786	53732
36804	52191
36871	52382 52385

Nos D'ENTRÉE.	Nos DU CATALOGUE.
37121	52484
37715	52012
37764	52113
37919	52769
37920	52066
37921	52780 52781
37922	52794
37923	52783
37925	52067
37926	52766
37927	52766
38065	52104
38077	52093
38078	52094
38079	52095
38080	52096
38081	52097
38082	52098
38083	53670
38084	53669
38106	53671
38390	52594
38391	52595
38392	52596
38393	52597
38397	52598
38398	52599
38399	52600
38433	52022
38434	52023
38435	52041
38436	52042
38437	52092
38438	52065
38439	52059
38440	52060
38441	52061
38442	52062
38443	52058
38444	52019

Nos D'ENTRÉE.	Nos DU CATALOGUE.
38444	52019 *bis*
38445	52028
38446	52029
38447	52030
38448	52031
38449	52032
38450	52033
38451	52034
38452	52035
38453	52036
38454	52037
38455	52038
38456	52039
38458	52040
38459	52046
38460	52047
38461	52048
38462	52049
38463	52051
38464	52052
38465	52053
38466	52054
38467	52055
38468	52110
38469	52114 52115
38471	52116
38472	52117
38473	52118
38474	52122
38475	52152
38476	52144
38477	52145
38478	52146
38479	52147
38676	53256
38677	53257
38724	52480 52481
38725	52482 52483
38728	52588 52589
38879	52638 52639
38880	52797 52798 52801
38881	52187
38882	52767 52779
38883	52761
39000	52156
39001	52193
39002	52170
39003	52171
39004	52197
39005	52173
39006	52175
39007	52176
39008	52177
39009	52178
39010	52179
39011	52180
39012	52181
39013	52182
39014	52183
39015	52184
39016	52202
39017	52203
39018	52205
39019	52207
39020	52208
39021	52209
39022	52210
39023	52211
39024	52212
39025	52213
39026	52214
39027	52215
39028	52216
39029	52217
39030	52218
39031	52219
39032	52220
39033	52221
39034	52223
39035	52224
39036	52225
39037	52226
39038	52227
39039	52228
39040	52229
39041	52230
39042	52231
39043	52241
39176	53836
39593 39594	52325
39622	52441 52442
39623	52443 à 52449
39624	52322 52329 52330
39631	52674
39677	52331
39679	52680 à 52682
39680	52685 52686
39681	52683
39682	52683
39683	52699 52700
39684	52697
39685	52698
39686	52677 52678
39687	52675

Nos d'entrée.	Nos du Catalogue.
39688	52577 52578
39689	52582 52583
39690	52580 52581
39691	52584 52585
39692	52640
39693	52261
39694	52262
39695	52263
39696	52264
39697	52265
39698	52266
39699	52267
39700	52690 52691
39701	52684
39702	52676
39706	52694
39707	52695 *bis*
39708	52696
39709	52695
39867	53262
39868	53268
39870	53261
39871	53259
39872	53260
39874	53181
39875	53184
39876	53182
39877	52326 52327
39878	52328
39881	52613 à 52635
39882	52268 à 52288
39882	52336 à 52553
39888	52242
39964	52289 52290 52291
39979	52368 52369
39980	52370 52371
39984	53744 à 53748
39985	52292
39986	52294
39987	52312
39989	52314
39990	52315
39991	52317
39992	52318
39993	52319
39994	52320
40058	52361 52362
40059	52363 52364
40060	52365 52366
40061	52367
40305	52386
40306	52387
40307	52388
40308	52389
40309	52392
40311	52394
40312	52395
40313	52396
40314	52421
40315	52422
40316	52433
40317	52434
40318	52435
40319	52436
40320	52450
40324	52470
40325	52471
40326	52472
40327	52473
40328	52474
40329	52475
40330	52476
40332	52376 52377
40373	52454 à 52457
40374	52487
40375	52488
40376	52489
40377	52492
40378	52493
40379	52494
40380	52495
40381	52496
40382	52497
40383	52498
40385	52499 52500
40386	52501
40387	52502
40388	52503
40389	52507
40390	52514
40391	52515
40392	52519
40393	52520
40395	52532
40396	52537
40397	52538
40398	52539
40399	52540

Nos d'entrée.	Nos du Catalogue.
40400	52541
40401	52542
40402	52543
40403	52544
40404	52545
40405	52553
40406	52554
40407	52555
40408	52556
40410	52558
40411	52559
40412	52561
40413	52562
40414	52563
40415	52564
40416	52565
40417	52567
40418	52568
40419	52569
40420	52570
40421	52571
40422	52573
40423	52574
40424	52566
40634	52590 52591
40635	52592 52593
40636	52636 52637
40699	52602 à 52609
40700	52611 52612
40744	52579
41037	52587
41038	52633 52634
41040	52601
41380	52586
41381	52610
41588	52791
43314	52788 52789
43316	52808 à 52810
43317	52807
43318	52784
44031	53855
44690	53515
44919	52641
44920	52663
44921	52689
44922	52712
44923	52669
45206	53188
45207	53193
45208	53187
45209	53189
45211	53190
45225	53265
45231	53263 53264
45270	53191
45271	53192
45273	53266
45337	52715
45339	52714
45340	52717 52718
45341	52719
45343	52720
45345	52721
45348	52724
45349	52716
45351	52722 52723
45352	52725
45362	52731 52732
45436	53505
45583	52758
45588	53840
46044	52774
46045	52784
46694	52702
47042	53834
47054	52805
47234	53839
47312	52757
47313	52759 52760
47805	53849
47840	52746
47842	52749
47843	52750
47844	52756
47845	52755
47846	52754
47847	52752
47848	52753
47849	52751
47850	52735
47851	52736
47852	52737
47853	52734
47854	52738
47855	52744
47856	52745
47857	52743
47859	52739
47898	52740 52741
49140	53186
49141	53186
49142	53194 à 53197

INDEX II.

NATURE D'OBJETS.

NUMÉROS DU CATALOGUE.	MATIÈRES.	PROVENANCES.
	Agrafes.	
53029	Or.	Dahchour.
53030	—	—
53031	—	—
53032	—	—
	Aiguilles.	
52824	Or.	Dahchour.
	Appliques.	
53094	Or.	Dahchour.
53095	—	—
	Bagues.	
52154	Argent.	G. R.
52155	Or.	Abousir el-Malaq.
52156	—	XXIIe dynastie.
52157	—	Achat.
52158	Or et lapis.	Gaou.
52159	—	Gournah.
52160	Or.	Ouardan.
52161	Or et cornaline.	Collection Huber.
52162	Électrum.	Saïte.
52163	Or.	Achat.
52164	Or (chaton).	—
52165	Or et pierres.	Abousir.
52166	—	Collection Huber.
52167	—	Saqqarah.
52168	Bronze.	Abousir el-Malaq.
52169	Or chaton.	Gournah.
52170	Or et pierres.	
52171	Or et pierres.	
52172	—	Saqqarah.
52173	—	
52174	Électrum et pierre.	Saqqarah.
52175	—	
52176	Or et pierre.	
52177	Or.	
52178	Cuivre et pierre.	
52179	Or.	
52180	—	
52181	Argent.	
52182	Or.	
52183	Chaton jaspe.	
52184	Argent.	
52185	Or sur cuivre.	Thèbes.
52186	—	—
52187	Or et pierre.	Barnugi.
52188	—	—
52189	—	—
52190	Or.	Achat.
52191	—	Karnak.
52192	Or et pierre.	Gadrah.
52193	Argent et céramique.	
52194	Or et lapis.	Abydos.
52195	Or et céramique.	Achat.
52196	—	—
52197	Or et lapis.	
52198	Or et cornaline.	Collection Huber.
52199	Or.	—
52200	Chaton or et pierre.	Achat.
52201	—	Mit Rahineh.

NUMÉROS DU CATALOGUE.	MATIÈRES.	PROVENANCES.	NUMÉROS DU CATALOGUE.	MATIÈRES.	PROVENANCES.
52202	Électrum et émail.		52230	Chaton scarabée.	
52203	Or et cornaline.		52231	Argent.	
52204	Or et lapis.	Collection Huber.	52232	Chaton scarabée.	Saqqarah.
52205	Argent		52233	Chaton or	Dahchour.
	et céramique.			et améthyste.	
52206	Or et pierre.	Collection Huber.	52234	Chaton or	—
52207	Or.			et améthyste.	
52208	Or et céramique.		52235	Chaton améthyste.	—
52209	Or et émail.		52236	Chaton turquoise.	—
52210	Scarabée,		52237	Céramique.	—
	or et céramique.		52238	Or.	—
52211	Or et céramique.		52239	—	—
52212	Or et lapis.		52240	Or et pierres.	—
52213	Scarabée,		52241	—	—
	or et céramique.		52242	Chaton scarabée	—
52214	Or et jaspe.			or et pierres.	
52215	Or et céramique.		52243	Or et pierre.	—
52216	—		52244	Or et lapis.	—
52217	—		52245	Or et pierres.	—
52218	Chaton argent		52246	Or et céramique.	—
	et céramique.		52247	Chaton céramique.	—
52219	Chaton or		52248	Chaton pierre	—
	et céramique.			et céramique.	
52220	Chaton or		52249	Or et pierres.	—
	et céramique.		52250	Chaton céramique.	—
52221	Chaton or		52251	—	—
	et céramique.		52252	—	—
52222	Chaton or	Pyramides.	52253	Or et lapis.	—
	et hématite.		52254	Or et améthyste.	—
52223	Chaton or		52255	Chaton lapis.	—
	et céramique.		52256	—	—
52224	Chaton or		52257	Or turquoise.	—
	et céramique.		52258	Or et lapis.	—
52225	Chaton or et lapis.		52259	Or et turquoise.	—
52226	—		52260	Or et améthyste.	—
52227	Or sur cuivre.		52261	Or et pierres.	Biban el-Molouk.
52228	—		52262	Or.	—
52229	—		52263	Or et pierres.	—

NUMÉROS DU CATALOGUE.	MATIÈRES.	PROVENANCES.
52264	Double or.	Biban el-Molouk.
52265	—	—
52266	Or et lapis.	—
52267	Or et céramique.	—
52268	Argent.	Bubastis.
52269	—	—
52270	—	—
52271	—	—
52272	—	—
52273	—	—
52274	—	—
52275	—	—
52276	—	—
52277	—	—
52278	—	—
52279	—	—
52280	—	—
52281	—	—
52282	—	—
52283	—	—
52284	—	—
52285	—	—
52286	—	—
52287	—	—
52288	—	—
52289	—	Deir el-Bahari.
52290	—	—
52291	—	—
52292	Or.	
52293	Or et jaspe.	Échange.
52294	Or.	Achat.
52295	—	
52296	—	Achat.
52297	—	—
52298	—	—
52299	—	—
52300	Or et cornaline.	Saqqarah.
52301	Or.	—

NUMÉROS DU CATALOGUE.	MATIÈRES.	PROVENANCES.
52302	Argent.	
52303	Or.	Achat.
52304	Or et lapis.	
52305	Or et cornaline.	Cheikh Abadeh.
52306	Or et jaspe.	Mit Rahineh.
52307	Or.	Achat.
52308	—	Fayoum.
52309	—	Djemmemel.
52310	—	
52311	—	Kom Farès.
52312	—	
52313	—	Tell el-Roba.
52314	Or et lapis.	
52315	Or et améthyste.	
52316	Or.	Achat.
52317	—	
52318	—	
52319	—	
52320	Électrum.	
52321	Or.	Collection Huber.
52322	Argent deux morceaux.	Mit Rahineh.
52601	Or.	—
52610	Argent et céramique.	
52689	Or, scarabée.	Illahoun.
52690	Or.	Biban el-Molouk.
52691	—	—
52782	Or et améthyste.	El-Bercheh.
52833	Or.	Dahchour.
53820	—	Naga el-Deir.

Barques.

NUMÉROS DU CATALOGUE.	MATIÈRES.	PROVENANCES.
52666	Or et argent.	Gournah.
52667	Argent.	—
52668	Bronze et bois.	—

NUMÉROS DU CATALOGUE.	MATIÈRES.	PROVENANCES.	NUMÉROS DU CATALOGUE.	MATIÈRES.	PROVENANCES.
	Boucles d'oreilles.		52361	Or blanc.	
			52362	—	
52323	Or Ramsès XII.	Abydos.	52363	Or.	
52324	—	—	52364	—	
52325	Or.	Bubastis.	52365	—	
52326	—	—	52366	—	
52327	—	—	52367	—	
52328	—	—	52368	—	Tell Tebilleh.
52329	Or, fragment.	Mit Rahineh.	52369	—	—
52330	Argent.	—	52370	—	—
52331	Or et céramique.	Biban el-Molouk.	52371	—	—
52332	Or.	El-Ahaïwah.	52372	Électrum.	Saqqarah.
52333	—	—	52373	—	—
52334	Or et cuivre.	Drah abou'l Naggah.	52374	Or.	—
52336	Argent.	Tell Basta	52375	—	—
52337	—	—	52376	Électrum.	
52338	—	—	52377	Or.	
52339	Argent.	—	52378	—	Gournah.
52340	—	—	52379	—	—
52341	—	—	52380	—	—
52342	—	—	52381	—	—
52343	—	—	52382	—	Bubastis.
52344	—	—	52383	—	—
52345	—	—	52384	—	—
52346	—	—	52385	—	—
52347	—	—	52386	—	
52348	Argent.	Bubastis.	52387	—	
52349	—	—	52388	—	Gournah.
52350	—	—	52389	—	—
52351	—	—	52390	—	—
52352	—	—	52391	—	—
52353	Argent.	—	52392	—	
52355	Or.	Saqqarah.	52393	—	
52356	—	—	52394	—	
52357	—	—	52395	—	
52358	—	—	52396	—	
52359	—	Zaouïet el-Arian.	52403	Or sur cuivre.	Drah abou'l Naggah.
52360	—	—	52404	—	Éléphantine.

NUMÉROS DU CATALOGUE.	MATIÈRES.	PROVENANCES.
52405	Or sur cuivre.	Éléphantine.
52406	—	—
52407	—	—
52408	Électrum sur cuivre.	—
52409	Or sur cuivre.	Gournah.
52410	—	—
52411	—	—
52412	—	—
52413	—	—
52414	—	Saqqarah.
52415	—	El-Amrah, Abydos.
52416	—	—
52417	Or.	—
52418	—	—
52419	Électrum.	—
52420	—	—
52421	Or.	
52422	—	
52423	Électrum.	Gournah.
52424	Or.	Abydos.
52425	—	Saqqarah.
52426	—	—
52427	—	—
52428	—	—
52429	—	—
52430	Électrum.	—
52431	—	—
52432	Or.	Drah abou'l Naggah.
52433	Électrum.	
52434	Or.	
52435	Or et pendeloques.	
52436	—	
52437	Or.	Achat.
52438	Or et perles.	—
52439	—	—
52440	—	—
52441	Or.	Tell el-Nawa (Mit Rahineh).
52442	Or.	Tell el-Nawa (Mit Rahineh).
52443	—	—
52444	—	—
52445	—	—
52446	—	—
52447	—	—
52448	Or, fragments.	—
52449	Or.	—
52450	Argent 15 fragments.	—
52451	Or.	Saqqarah.
52454	—	Mendès.
52455	—	—
52456	—	—
52457	—	—
52458	—	Mit Rahineh.
52459	—	—
52460	—	—
52461	—	—
52462	—	Mit Rahineh.
52463	—	—
52464	—	—
52465	—	—
52466	—	—
52467	—	Saïs.
52468	—	—
52469	—	—
52470	—	
52471	—	
52472	—	
52473	—	
52474	—	
52475	—	
52476	—	
52477	2 en or, 1 en argent.	Kawadi (Sa el-Hagar).
52478	Or et pierres.	Ouardan.

NUMÉROS DU CATALOGUE.	MATIÈRES.	PROVENANCES.	NUMÉROS DU CATALOGUE.	MATIÈRES.	PROVENANCES.
52479	Or et pierres.	Ouardan.	52517	Or.	Saqqarah.
52480	Or avec pendants.	Gheita.	52518	—	Achat.
52481	—	—	52519	—	
52482	—	—	52520	—	
52483	Or.	—	52521	Or pâle.	Abydos.
52484	—	Mit Rahineh.	52522	Or.	Achat (Huber).
52485	—	Achat.	52523	—	—
52486	—	—	52526	—	Achat.
52487	—	—	52527	—	—
52488	—	—	52528	—	Abydos.
52489	—	—	52529	—	—
52490	—	Pyramides.	52530	—	Saqqarah.
52491	—	—	52531	—	—
52492	—	Achat.	52532	—	
52493	—	—	52533	Électrum.	Achat.
52494	—		52534	—	—
52495	—		52535	—	—
52496	—		52536	—	—
52497	—		52537	Or.	
52498	—		52538	Or et émail.	
52499	—		52539	Or.	
52500	—		52540	Or, avec pendant.	
52501	—		52541	—	
52502	—		52542	Or et pierres.	
52503	—		52543	Or et grenat.	
52504	Or et perles.	Achat.	52544	Or et perle.	
52505	—	—	52545	Argent.	
52506	Or.	—	52546	Or avec pendant.	Achat.
52507	—		52547	Or.	—
52508	—	Djemmemel.	52548	Or, pierres, perles.	—
52509	—	—	52549	Or, grenat, perles.	Saqqarah.
52510	Avec pendeloques.	Achat.	52550	—	—
52511	—	—	52551	Or.	Achat (Huber).
52512	Or et pierres.	—	52552	—	—
52513	—	Fayoum.	52553	—	
52514	Or et perles.		52554	—	
52515	—		52555	—	
52516	Or.	Louqsor.	52556	Or et amazonite.	

NUMÉROS DU CATALOGUE.	MATIÈRES.	PROVENANCES.
52557	Électrum.	Achat.
52558	Or et améthyste.	
52559	—	Achat.
52560	Or et perles.	
52561	Or, avec pendant.	
52562	Or et cornaline.	
52563	Or.	
52564	—	
52565	Or et perles.	
52566	Or.	
52567	Or et perles.	
52568	Électrum.	
52569	Or et amazonite.	
52570	Électrum et améthyste.	
52571	Or et amazonite.	
52572	Or, débris.	
52573	—	
52574	—	
52590	Or.	
52591	—	
52592	—	
52593	—	
52594	—	Toukh el-Garamous.
52595	—	—
52596	—	—
52597	—	—
52598	—	—
52599	—	—
52600	—	—
52602	Électrum.	Saqqarah.
52603	—	—
52604	—	—
52605	—	—
52606	—	—
52607	—	—
52608	—	—
52609	—	—

NUMÉROS DU CATALOGUE.	MATIÈRES.	PROVENANCES.
52611	Argent.	Saqqarah.
52612	—	—
52613	—	Bubastis.
52614	Or.	Mit Rahineh.
52634	—	—
52742	—	Saqqarah.
52743	—	—
52744	—	—
52745	—	—
52805	Albâtre et pâtes de verre.	—
52806	—	—
52834	Avec pendeloque, or et grenat.	Dahchour.
53431	Or.	Saqqarah.

BRACELETS.

NUMÉROS DU CATALOGUE.	MATIÈRES.	PROVENANCES.
52008	Or et turquoise.	Omm el-Gaab.
52009	Or, améthyste et turquoise.	
52010	Or et améthyste.	—
52011	Or et pierres.	Naga el-Deir.
52012	Or, gaine cuivreuse.	—
52013	Or.	—
52014	—	—
52015	Silex.	—
52016	Schiste.	—
52017 et 52017 bis	Or, 2 fragments.	El-Roubahieh.
52018 et 52018 bis	—	—
52019 et 52019 bis	Or.	Dahchour.

NUMÉROS DU CATALOGUE.	MATIÈRES.	PROVENANCES.
52020 et 52021	Or.	Dahchour.
52022	—	—
52023	—	—
52024	Or et pierres.	—
52025	—	—
52026	—	—
52027	—	—
52028	Or.	—
52030	Perles or.	—
52031	Or.	—
52032	Bandes or.	—
52033	Or, fragments.	—
52034	—	—
52035	—	—
52036	—	—
52037	—	—
52038	—	—
52039 52039 *bis*	—	—
52040	Or, fragments.	—
52041	Or et pierres.	—
52042	—	—
52043	Or.	—
52044	Or et pierres, fragments.	—
52045	Or et pierres, fragments.	—
52046	Or et pierres.	—
52047	—	—
52048	—	—
52049	—	—
52050	Or.	—
52051	Or et pierres.	—
52052	—	—
52053	—	—
52054	—	—

NUMÉROS DU CATALOGUE.	MATIÈRES.	PROVENANCES.
52055	Or, fragments.	Dahchour.
52056	Or.	—
52057	—	—
52058	—	—
52059	Fermoir or.	—
52060	—	—
52061	—	—
52062	—	—
52063	Argent.	—
52064	Or.	—
52065	—	—
52066	Électrum.	—
52067	Électrum et émail.	—
52068	Or et pierres.	Gournah.
52069	—	—
52070	—	—
52071	—	—
52072	—	—
52073	Or.	—
52074	—	—
52075	—	—
52076	—	—
52077	—	—
52078	—	—
52079	—	—
52080	—	—
52081	—	—
52082	—	—
52083	Électrum.	—
52084	—	—
52085	—	—
52086	—	—
52087	—	—
52088	Or.	—
52089	Or et pierres.	Deir el-Bahari.
52090	—	—
52091	Perles, breloques.	
52092	Fragments or.	Dahchour.

NUMÉROS DU CATALOGUE.	MATIÈRES.	PROVENANCES.
52093	Or.	Toukh el-Garamous.
52094	Or et pierres.	—
52095	Or.	—
52096	—	—
52097	Or et pierres.	—
52098	—	—
52099	Or et agathe.	Zagazig.
52100	—	—
52101	—	Tell Abou Billouh.
52102	—	—
52103	Or.	Achat.
52104	—	Tell Abou Billouh.
52105	—	Zagazig.
52106	—	
52107	—	Achat.
52108	—	—
52109	—	Bahnasa.
52110	—	
52111	—	Tell el-Corbaïn
52112	—	Tell Abou Billouh.
52113	Argent.	Naga el-Deir.
52114	Or et pierres.	Sa el-Hagar.
52115	—	—
52116	—	—
52117	—	—
52118	—	—
52119	Or.	
52120	—	
52121	—	
52122	—	
52123	—	Est du Delta.
52124	—	—
52125	—	
52126	—	
52127	—	
52128	—	
52129	—	
52130	—	

NUMÉROS DU CATALOGUE.	MATIÈRES.	PROVENANCES.
52131	Or.	
52132	—	
52133	—	
52134	—	
52135	—	
52136	Or et lapis.	
52137	—	
52138	Or.	
52139	—	
52140	Bracelet d'humérus, or.	Tell Abou Billouh.
52141	Or.	
52142	—	
52143	—	
52144	—	
52145	—	
52146	—	
52147	—	
52148	Bronze doré.	Edfou.
52149	—	—
52150	Cuivre.	
52151	2 fragments or et pierres.	Memphis.
52152	Or et pierres.	Sa el-Hagar
52153	Or et émail.	Achat.
52577	Argent.	Biban el-Molouk.
52578	—	—
52579	Or.	Achat.
52580	—	Biban el-Molouk.
52581	—	—
52582	—	—
52583	—	—
52584	—	—
52585	—	—
52586	Or, fragment.	
52587	Argent.	Mit Rahineh.
52588	—	Basse-Égypte.
52589	—	—

NUMÉROS DU CATALOGUE.	MATIÈRES.	PROVENANCES.
52614	Argent.	Tell Basta.
52615	—	—
52616	—	—
52617	—	—
52618	—	—
52619	—	—
52620	—	—
52621	—	—
52622	—	—
52623	—	—
52624	Argent fragmenté.	—
52625	—	—
52626	—	—
52627	—	—
52628	—	—
52629	—	—
52630	—	—
52631	—	—
52632	—	—
52635	Argent.	—
52636	—	Achat.
52637	—	—
52638	Or et turquoises.	Barnugi.
52639	—	—
52640	Électrum.	Biban el-Molouk.
52688	Or et pierres.	Gournah.
52717 52718	Or et pierres, deux parties.	Tell Moqdam.
52719 52720	—	—
52747	Or.	Saqqarah.
52748	Or et cornaline.	—
52757	?	Deir el-Bahari.
52764	Or et pierres.	Mahasna.
52765	—	—
52778	Or.	
52779	—	Barnugi.
52792	Or, fragment.	El-Bercheh.

NUMÉROS DU CATALOGUE.	MATIÈRES.	PROVENANCES.
52827	Deux fragments.	Dahchour.
52832	Or, fermoir.	—
52837		—
53130	Fragment or.	—
53131	Fragment or.	—
53132	Or.	—
53141	Or et pierres (fermoir).	—
53164	Pierre, fragment.	—
53172 à 53175	Or, fermoirs.	—
53182	Or.	Zagazig.
53693 53694	Or et pierres.	Saqqarah.
53754 53755	—	—
53840	Silex.	Dendérah.
53849	Or.	Naga el-Deir.

Breloques

(voir Éléments de suspension).

Ceintures (voir Colliers).

52770	Or.	El-Robaï
53074	—	Dahchour.
53075	—	—
53136	—	—

Cercles.

52863	Or.	Dahchour.
52864	—	—
53167	—	—

NUMÉROS DU CATALOGUE.	MATIÈRES.	PROVENANCES.
	Chaînes (voir Mouches).	
52670	Or.	Gournah.
52671	—	—
52775	—	
52776	—	Barnugi.
53670	—	Toukh el-Garamous.
	Chevets.	
53476	Obsidienne.	Mendès.
53477	Serpentine.	—
	Colliers.	
52669	Perles.	Illahoun.
52672	Ouaskhit.	Gournah.
52673	Or et pierres.	—
52674	Or, électrum et pierres.	Biban el-Molouk.
52675	Or.	—
52676	—	—
52677	—	—
52678	—	—
52679	—	—
52680	—	—
52681	—	—
52682	—	—
52683	Or, cœur.	—
52684	Électrum.	—
52687	Or, pièce de collier.	—
52692	Or, 2 mouches.	Gournah.
52697	Collier (pièce de).	Biban el-Molouk.
52698	Or.	—
52699	Or, fragment.	—
52700	Or.	—
52701	Or, fragment.	Gournah.
52734	Or.	Saqqarah.
52735	Perles et électrum.	—

NUMÉROS DU CATALOGUE.	MATIÈRES.	PROVENANCES.
52736	Or.	Saqqarah.
52737	—	—
52738	Fragment, or.	—
52746	Or et cornaline.	—
52749	Perles.	—
52750	Or et céramique.	—
52751	Pierre et verre.	—
52752	Or et pierres.	—
52753	Lions or et perles.	—
52754	Améthyste.	—
52755	Cornaline.	—
52756	Grenats.	—
52758	Améthyste et cornaline.	Dendérah.
52761	Or et pierres.	Barnugi.
52762	—	Tell el-Roba.
52763	—	Mahasna.
52766	Or et améthyste.	Achat.
52767	Or et pierres.	Barnugi.
52777	Or.	
52785	Électrum.	
52791	Or et perle.	Saqqarah.
52794	Or.	Achat.
52795	Or et argent.	Biban el-Molouk.
52796	Or.	—
52803	Or et argent.	Barnugi.
52804	Or et céramique.	El-Robaï.
52811	Pierre et céramique.	Dahchour.
52812	Lapis et céramique.	—
52813	Amazonite.	—
52814	—	—
52815	—	—
52816	Cornaline et céramique.	—
52817	Cornaline.	—
52818	—	—
52819	Or et cornaline.	—

NUMÉROS DU CATALOGUE.	MATIÈRES.	PROVENANCES.
52820	Or et cornaline.	Dahchour.
52821	Or.	—
52822	—	—
52823	Or, pierres et céramique.	—
52825	Or et pierres.	—
52826	—	—
52828	Pierre et céramique.	—
52829	Pierres et pâte de verre.	—
52830	Or.	—
52836	Perles et pierres.	—
52838	Perles en vrac.	—
52839	Perles, débris.	—
52861	Or et pierres, fermoir faucons.	—
52862	Fermoir faucons.	—
52865	Or.	—
52866	—	—
52867	—	—
52868	—	—
52869	—	—
52870	—	—
52871	—	—
52872	—	—
52873	—	—
52874	—	—
52875	—	—
52876	—	—
52877	—	—
52878	—	—
52879	—	—
52880	—	—
52881	—	—
52882	—	—
52883	—	—
52884	—	—
52885	Or.	Dahchour.
52886	—	—
52887	—	—
52888	—	—
52889	—	—
52890	—	—
52891	—	—
52892	Or et cornaline.	—
52893	Or et lapis.	—
52894	Or et turquoise.	—
52895	—	—
52896	Cornaline et turquoise.	—
52897	Lapis et turquoise.	—
52898	Or et cornaline.	—
52899	Céramique.	—
52900	—	—
52901	—	—
52902	Lapis.	—
52903	Cornaline.	—
52904	—	—
52905	—	—
52906	—	—
52907	—	—
52908	—	—
52909	—	—
52910	—	—
52916	Or, fermoir.	—
52917	—	—
52918	—	—
52920	Or et pierres, tête de faucon.	—
52921	Or, fermoir, tête de faucon.	—
52922	Fermoir or et pierres.	—
52953	Or, fragment.	—
52955	Fermoir or et pierres.	—

NUMÉROS DU CATALOGUE.	MATIÈRES.	PROVENANCES.	NUMÉROS DU CATALOGUE.	MATIÈRES.	PROVENANCES.
52956	Fermoir or et pierres.	Dahchour.	53027	Or longues perles.	Dahchour.
			53028	—	—
52957	Fermoir or et pierres.	—	53033	2 demi-perles.	—
			53034	—	—
52958	Fermoir or et pierres.	—	53035	Cornaline.	—
			53036	Or et pierres.	—
52976	Or.	—	53037	Cornaline.	—
52977	Fermoir or.	—	53038	Or et pierre.	—
52978	Or et pendeloques.	—	53039	Cornaline.	—
52987	Cornaline.	—	53040	—	—
52988	Or et pierres.	—	53041	—	—
52989	Fermoirs débris.	—	53042	—	—
52994	Fermoirs argent.	—	53043	—	—
52995	—	—	53044	—	—
52996	—	—	53045	—	—
52997	—	—	53046	—	—
52998	Cornaline.	—	53047	—	—
52999	—	—	53048	Lapis-lazuli.	—
53000		—	53049	—	—
53001	—	—	53050	—	—
53002	—	—	53051	—	—
53003	—	—	53052	—	—
53004	Amazonite.	—	53054	Améthyste.	—
53005	—	—	53055	—	—
53006	—	—	53056	Or.	—
53007	—	—	53057	—	—
53008	—	—	53058	Or et cornaline.	—
53009	—	—	53059	Cornaline, verre.	—
53010	—	—	53060	Cornaline.	—
53011	Cornaline.	—	53061	Lapis et améthyste.	—
53012	Pierre et verre.	—	53062	Céramique.	—
53013	—	—	53063	—	—
53017	Or et pierres.	—	53064	—	—
53018	—	—	53065	—	—
53019	—	—	53066	—	—
53020	—	—	53067	—	—
53023	Or et perles.	—	53068	—	—
53024	—	—	53069	Fermoir or (faucon).	—

NUMÉROS DU CATALOGUE.	MATIÈRES.	PROVENANCES.	NUMÉROS DU CATALOGUE.	MATIÈRES.	PROVENANCES.
53074	Or (voir Ceintures).	Dahchour.	53154	Or, fermoirs.	Dahchour.
53075	—	—	53157	Pierres.	—
53076	Fermoir or et pierres.	—	53158	—	—
			53159	—	—
53077	—	—	53160	—	—
53079	—	—	53165	Or.	—
53080	—	—	53166	Or, fermoir.	—
53081	—	—	53171	Or.	—
53082	—	—	53181	Or et pierres.	Zagazig.
53083	—	—	53184	Or et cornaline.	—
53091	Or et pierre.	—	53187	Or.	Dendérah.
53092	Or et céramique.	—	53188	—	—
53093	—	—	53189	—	—
53116	Céramique.	—	53193	—	—
53117	—	—	53194	Or et pierre.	—
53118	Or et céramique.	—	53195	Argent et pierre.	Mansourah.
53119	Pierres et céramique.	—	53196	—	—
			53197	—	—
53120	Pierre, céramique.	—	53464	Or.	Mendès.
53121	Améthyste.	—	53541	Or et pierres.	Saqqarah.
53122	Cornaline et améthyste.	—	à 53558	Or.	—
53123	Pâte de verre.	—	53738	Or et céramique.	
53124	Or et pierres.	—	53740	Cornaline.	
53125	Or et cornaline.	—	53802	Or, coquilles.	Naga el-Deir.
53126	Pierres.	—	53803	Or.	—
53127	Cornaline et pierres.	—	53806	Or, extrémités.	—
			53807	—	—
53128	Cornaline et pierres.	—	53808	Pierres coquillages.	—
			53809	Pierres.	—
53129	Or, fragment.	—	53810	Perles lapis.	—
53136	Or (voir Ceintures).	—	53814	Perles et cornaline.	—
53142	Fermoir or et pierres.	—	53815	—	—
			53818	—	—
53149	Or, fermoir.	—	53827	Perles cylindriques.	—
53150	Or et pierres.	—			
53152	Fermoir faucon.	—	53834	Or, extrémités.	—
53153	Or, fermoirs.	—	53839	Or.	—

NUMÉROS DU CATALOGUE.	MATIÈRES.	PROVENANCES.
53841	Pierres.	Naga el-Deir.
53842	—	—
53843	Or, coquilles.	—
	COQUILLES.	
53143	Or.	Dahchour.
53147	—	—
53148	—	—
53168	—	—
	COURONNES.	
52641	Or et pierres.	Illahoun.
52642	—	Gournah.
52714	Or.	Tell Moqdam.
52859	Or et pierres.	Dahchour.
52860	—	—
53111	Argent et pierres.	—
	CYLINDRES (Pendeloques).	
52029	Or.	Dahchour.
53071	—	—
53072	Or (tresse).	—
53140	Or lapis.	—
	DOIGTS.	
53750	Obsidienne.	Saqqarah.
53752	—	—
53753	—	—
	ÉVENTAILS.	
52705	Or et bois.	Gournah.
53014	Or (fragments).	Dahchour.
53015	—	—

NUMÉROS DU CATALOGUE.	MATIÈRES.	PROVENANCES.
	FAUCON (Têtes de).	
52701	Or et obsidienne.	Hiéraconpolis.
52787	Argent.	Denderah.
	FLAGELLUM.	
52991	Pierre, céramique.	Dahchour.
52992	—	—
	LIONS.	
52703	Or.	Gournah.
52704	Bronze.	—
52780	Or.	Achat.
52781	—	—
52788	—	Beni Hassan.
52798	—	
	MASQUES (Voir Momies).	
53744	Or.	Saqqarah.
53778	Argent doré.	—
53779	—	—
53799	Or.	—
	MÉDAILLONS.	
52716	Électrum.	Tell Moqdam.
	MIROIRS.	
52663	Or, argent et pierre.	Illahoun.
52664	Or, bronze et bois.	Gournah.
53100	Or et argent.	Dahchour.
53101	Garde de miroir.	—

NUMÉROS DU CATALOGUE.	MATIÈRES.	PROVENANCES.
53104	Or, fragments.	Dahchour.
53105	Or et pierres.	—
53106	Or et pierre, fragment.	—
53107	Or, fragment.	—
53108	—	—
53109	—	—
53110	—	—
53134	—	—
53155	Argent.	—
53161	Or, fragment.	—
53162	—	—
53163	—	—
53178	Or et argent.	—

Momies[1].

NUMÉROS DU CATALOGUE.	MATIÈRES.	PROVENANCES.
53183	Faucon, cuivre doré.	Deir el-Bahari.
53223	Plaquette, or.	Momie de Pinotem II.
53229	Électrum.	Achat.
53246	Âme, or.	Saqqarah.
53256	Or, Hathor.	Zagazig.
53257	Isis or.	—
53466	Ornement de poitrine, or.	Mendès.
53467	Bande, or.	—
53468	Sandales, or.	—
53468 bis	—	—
53469	Enveloppe phallus, or.	—
53470	Bande, or.	—
53471	2 bandes, or.	—
53471 bis	—	—
53472	2 bandes, or	Mendès.
53472 bis	—	—
53473	—	—
53474	Déesse, or.	—
53474 bis	—	—
53475	Singe, faucon or.	—
53475 bis	—	—
53745	Cache sexe féminin or.	Saqqarah.
53746	Doigt or.	—
53747	Plaque or.	—
53748	Œil or.	—
53751	Doigts or.	—
53763	Déesse ailée, argent doré.	—
53764	4 génies funéraires, argent doré.	—
53767	—	—
52668	2 têtes faucons, argent doré.	—
52669	—	—
53770 à 53773	Quatre bandes, argent doré.	—
53783 à 53786	Quatre génies funéraires, or.	—
53787	*Oudja* argent.	—
53790	5 bouts de doigts, or.	—
53791	—	—
53792	—	—
53793	—	—
53794	Plaque or.	—
53798	Faucon, feuille or.	—
53801	Bandeau, or.	Naga el-Deir.
53821	Bout de doigt, or.	—
53822	—	—

[1] Nous avons groupé les éléments servant au décor des momies et des sarcophages. Ce sont des feuilles de métal généralement assez minces et exécutées en les poussant dans des moules de pierre ou de plâtre.

NUMÉROS DU CATALOGUE.	MATIÈRES.	PROVENANCES.
53836	Bas-relief or sur bois.	Saqqarah.

MOUCHES (Voir Chaînes).

NUMÉROS DU CATALOGUE.	MATIÈRES.	PROVENANCES.
52671	Or.	Gournah
52692	Or, argent.	—

ORFÈVRERIES.

NUMÉROS DU CATALOGUE.	MATIÈRES.	PROVENANCES.
53258	Vase argent fragment.	Zagazig.
53259	Vase or.	—
53260	Coupe or.	—
53261	Vase or.	—
53262	Vase argent.	—
53263	Plateau argent.	—
53264	Pied de coupe argent.	Dendérah.
53265	Anse de vase argent.	—
53266	Coupe argent.	—
53671	—	Toukh el-Garamous.

OUTILS.

NUMÉROS DU CATALOGUE.	MATIÈRES.	PROVENANCES.
52854	Pierre.	Dahchour.
52855	—	—
53113	Bronze, ciseau.	—
53114	—	—
53115	Argent.	—
53156	Pierre.	—
53179	Bronze fragments.	—
53180	—	—

PECTORAUX.

NUMÉROS DU CATALOGUE.	MATIÈRES.	PROVENANCES.
52001	Or et pierres.	Dahchour.
52002	—	—
52003	—	—
52004	—	Drah aboul Naggah.
52005	—	Deir el-Bahari.
52006	Or et pierres.	Deir el-Bahari.
52007	—	Gaou.
52712	—	Illahoun.
52715	Or argent pierres.	Tell Moqdam.
52290	Argent et pierres.	Bercheh
53199	Bois, pierres, ambra.	Gournah.
53200	Bois et pierre.	—
53201	—	—
53669	Or et pierres.	Toukh el-Garamous.

PENDELOQUES (Voir Éléments de suspension).

PÉPITE.

NUMÉROS DU CATALOGUE.	MATIÈRES.	PROVENANCES.
53838	Or.	Omm el-Gaab.

PERLES ISOLÉES ET RÉSEAUX.

NUMÉROS DU CATALOGUE.	MATIÈRES.	PROVENANCES.
53053	Réseau, cornaline et céramique.	Dahchour.
53638	Réseau, céramique	Saqqarah.
53781	Or sur cuivre.	—
53811	Perle hématite.	Naga el-Deir.
53813	3 en cornaline.	—
53816	Lapis.	—
53817	Améthyste et cornaline.	—
53826	Or.	—
53828	Cornaline.	—
53829	Pierres.	—
53830	—	—
53831	Grenat.	—
53832	—	—
53833	Cornaline.	—
53837	Pierres.	—
53845	—	—
53846	Cornaline.	—
53855	—	Aoulad el-Scheikh.

NUMÉROS DU CATALOGUE.	MATIÈRES.	PROVENANCES.
	PLAQUETTES.	
52777	Obsidienne.	Saqqarah.
52795	—	—
	POIGNARDS.	
52658	Or niellé.	Gournah.
52659	Or.	—
52660	Or, argent et bronze.	—
52661	Or et bronze.	Gournah
52982	Bronze, pierres.	Dahchour.
52983-5	Or.	—
53151	Lame, or?	—
	SCARABÉES (isolés).	
52670	Or et lapis lazuli.	Gournah.
52726	Or et agathe.	Tell Moqdam.
52727	Lapis lazuli.	—
52728	Plâtre teinté.	—
52729	Céramique blanche.	—
52730	Plâtre teinté.	
53185	Or et pierre bleue.	
53186	Or et pierre.	
53216	Serpentine.	Deir el-Bahari.
53739	Basalte.	Saqqarah.
53776	Pierre dure verte.	—
	SUSPENSION (éléments de)[1].	
52685	Électrum (*oudjas*).	Biban el-Molouk.
52686	—	—
52693	—	Gournah.
52694	Cornaline.	Biban el-Molouk.
52695	Cornaline.	Biban el-Molouk.
52695 bis	—	—
52696	—	—
52713	—	Gournah.
52721	Lapis-lazuli.	Tell-Moqdam.
52722	—	—
52723	—	—
52724	—	—
52725	Agathe.	—
52739	Or.	Saqqarah.
52740	Perle et cornaline.	—
52741	Stéatite et perle.	—
52759	Perles et argent.	Deir el-Bahari.
52760	—	—
52769	Faucon or.	Achat.
52774	4 petits faucons argent.	Dendérah.
52783	Électrum poisson.	Achat.
52786	Or et pierre.	Beni-Hassan.
52788	Argent, poisson.	—
52789	—	—
52793	Argent, perles.	El-Bercheh.
52797	Or, figurine	Barnugi.
52799	Plaquette or.	Licht.
52800	Or, plaque.	—
52801	Or, *pschent.*	Barnugi.
52802	Or.	Abydos.
52807	—	Beni Hassan.
52808	Or et pierres.	—
52809	—	—
52810	—	—
5 2835	Cornaline.	Dahchour.
52911	Or et griffe.	—
52912	—	—
52913	Or et pierre.	—
52914	—	—
52919	—	—
52923	Cornaline.	—

(1) Sous le nom d'éléments de suspension sont groupés breloques, pendeloques, motifs de toute sorte venant de colliers, de revêtements, etc, et possédant soit l'anneau, soit le trou qui indique la destination.

NUMÉROS DU CATALOGUE.	MATIÈRES.	PROVENANCES.	NUMÉROS DU CATALOGUE.	MATIÈRES.	PROVENANCES.
52924	Or et émail.	Dahchour.	53098	Or, lions.	Dahchour.
52926	Or et pierres.	—	53099	—	—
52927	—	—	53133	Cornaline. (faucon).	—
52928	—	—			
52929	—	—	53137	Or, 6 lions.	—
52930	—	—	53144	Or, griffes.	—
52931	—	—	53145	—	—
52932	—	—	53146	Or et perle.	—
52933	—	—	53169	Griffes or.	—
52934	—	—	53170	Cornaline.	—
52935	—	—	53191	—	Dendérah.
52936	—	—	53192	Statuette céramique.	—
52937	Cornaline.	—			
52938	Lapis.	—	53202	Or.	Achat.
52939	Or et pierres.	—	53203	—	Fayoum.
52940	Lapis.	—	53205	Or et amazonite.	Achat.
52941	Cornaline, faucon.	—	53207	Or.	Fayoum.
52959	Or et pierres.	—	53208	Or et pierre.	Achat.
52960	—	—	53211	Or.	Mansourah.
52961	—	—	53212	Amazonite.	Achat (Huber).
52962	—	—	53213	Or et amazonite.	—
52965	—	—	53217	Or, bois et émail.	
52966	—	—	53220	Pierre.	Momie de Pinotem II.
52967	—	—	53221	Cœur, pierre.	—
52968	Hathor.	—	53222	Cœur, amazonite.	—
52969	Or et pierres.	—	53224	Plaque, lapis.	—
52970	—	—	53225	Pad or.	—
52971	—	—	53226	Céramique bleue.	
52972	—	—	53227	—	
52973	—	—	53228	Cornaline.	—
52974	—	—	53233	Or et lapis.	Saqqarah.
52975	—	—	53234	*Oudja*, or.	—
52979	Or.	—	53235	Vase, or.	—
52980	Pierres.	—	53236	Or, vases.	—
52981	Argent.	—	53237	Or, faucon.	—
53016	Perle, lapis.	—	53238	Or et hématite.	—
53070	Or et pierres.	—	53239	Or, *oudja*.	—
53078	—	—	53240	Or.	—

NUMÉROS DU CATALOGUE.	MATIÈRES.	PROVENANCES.	NUMÉROS DU CATALOGUE.	MATIÈRES.	PROVENANCES.
53241	Or, *oudja.*	Saqqarah.	53305	Or.	Saqqarah.
53242	Or, âme.	—	53306	—	—
53243	Or.	—	53307	—	—
53244	Basalte.	—	53309	—	—
53245	Serpentine.	—	53310	Or, barque.	—
53247	Or.	—	53311	Or, chat.	—
53248	Âme, or et pierres.	—	53312	Or, bélier.	—
53249	Or.	—	53313	Or, épervier.	—
53250	—	—	53314	Or, Isis.	—
53252	—	—	53315	Or, faucon.	—
53252 bis	—	—	53316	—	—
53253	Or, plaque.	—	53317	Or et pierre.	—
53255	Or, coquille.	—	53318	Or.	—
53278	Or et pierres.	—	53320	—	—
53279	Or, uræus.	—	53322	Or et pierres.	—
53280	Or, *aker.*	—	53323	Or.	—
53281	Or, scarabée.	—	53324	Pierre scarabée.	—
53283	Or, *oudja.*	—	53325	Or, barque.	—
53285	Or.	—	53326	Or.	—
53286	—	—	53327	Or, collier.	—
53287	Or, naos.	—	53328	Pierres.	—
53288	Or.	—	53333	*Oudjas.*	—
53289	—	—	53334	Pierres.	—
53290	—	—	53335	*Oudjas.*	—
53291	—	—	53336	Cornaline.	—
53292	Or, vautour.	—	53337	—	—
53293	Or, tête de serpent.	—	53338	Pierres.	—
53294	Or.	—	53338 bis	—	—
53295	—	—	53339	—	—
53296	—	—	53339 bis	—	—
53297	—	—	53340	Jaspe.	—
53298	—	—	53341	—	—
53299	—	—	53342	Céramique.	—
53300	—	—	53343	Cornaline.	—
53301	—	—	53344	Céramique.	—
53302	—	—	53345	Pierre.	—
53303	—	—	53346	Lapis.	—
53304	—	—	53347	—	—

NUMÉROS DU CATALOGUE.	MATIÈRES.	PROVENANCES.	NUMÉROS DU CATALOGUE.	MATIÈRES.	PROVENANCES.
53348	Lapis.	Saqqarah.	53393	Pierre.	Saqqarah.
53349	—	—	53394	—	—
53350	Céramique.	—	53404	Or et pierres.	—
53351	Pierre.	—	53405	—	—
53352	—	—	53406	Pierres.	—
53353	—	—	53407	—	—
53354	Or.	—	53408	Cornaline.	—
53355	—	—	53409	Or, palmier.	—
53358	—	—	53410	Or.	—
53359	—	—	53411	—	—
53360	—	—	53412	—	—
53361	—	—	53413	—	—
53363	—	—	53414	—	—
53364	—	—	53415	—	—
53365	—	—	53416	—	—
53366	—	—	53417	—	—
53367	—	—	53418	—	—
53368	—	—	53419	—	—
53369	—	—	53420		
53370	—	—	à	—	—
53371	—	—	53427		
53372	—	—	53428	—	—
53373	—	—	53429	—	—
53374	—	—	53432	Lapis.	—
53375	—	—	53433	Pierre, grenouille.	—
53376	—	—	53434	Cornaline.	—
53377	—	—	53435	—	—
53378	—	—	53437	Or.	—
53379	Fritte.	—	53439	—	—
53380	Or.	—	53440	—	—
53381	—	—	53441	—	—
53384	—	—	53442	—	—
53385	—	—	53443	—	—
53386	—	—	53446	—	—
53389	Pierre.	—	53447	—	—
53390	—	—	53448	—	—
53391	—	—	53449	—	—
53392	—	—	53450	—	—

NUMÉROS DU CATALOGUE.	MATIÈRES.	PROVENANCES.
53451	Or.	Saqqarah.
53454	—	—
53455	Lapis.	—
53456	Céramique.	—
53457	Lapis.	—
53458	Obsidienne.	—
53459	Lapis.	—
53460	Pierre.	—
53461	Lapis.	—
53462	Cornaline.	—
53463	—	—
53478	Serpentine.	Mendès.
53479	Jaspe.	—
53480	Lapis.	—
53481	—	—
53482 à 53501		—
53502	Cœur, cristal.	—
53503	Lapis.	—
53504	—	—
53505	Céramique.	—
53506	—	—
53507	—	—
53508	Pierre.	—
53509	Cornaline.	—
53510	—	—
53511	Obsidienne.	—
53512	Lapis.	—
53513	Amazonite.	—
53514	Jaspe.	—
53515	Argent, âme.	—
53516 à 53537	Or.	—
53672	Or et pierre.	Saqqarah.
53675	Or.	—
53677	—	—
53678	Or, tête de bélier.	Saqqarah.
53679	Or, vautour.	—
53680	Or, cœur.	—
53681	Argent, *oudja*.	—
53682	Or.	—
53684	Or, vautour.	—
53685	Or, boucle.	—
53686	Argent, épervier.	—
53688	Argent, *oudja*.	—
53689	Or, *oudja*.	—
53732	Or et pierres.	—
53782	Or.	—
53782 bis	—	—
53796	Or, 2 divinités.	—
53797	—	—
53844	Cornaline.	Naga el-Deir.
53853	Or, lion.	Saqqarah.
	TUBES.	
52942	Or.	Dahchour.
52943	—	—
52944	—	—
53021	—	—
53022	—	—
53025	—	—
53026	—	—
53076	—	—
53077	—	—
	URÆUS.	
52702	Or et pierres.	Illahoun.
52831	Or et lapis.	Dahchour.
52915	Or, lapis et grenat.	—
52925	Or.	—
52954	Amazonite.	—
53112	Or et pierres.	—
53138	—	—

NUMÉROS DU CATALOGUE.	MATIÈRES.	PROVENANCES.
	VAUTOUR (tête de).	
53073	Or.	Dahchour.
	YEUX.	
52848	Cristal, céramique.	Dahchour.
52849	Albâtre et obsidienne.	—
52850	Albâtre et obsidienne.	Dahchour.
52853	Céramique.	—
52945	Argent et cristal.	—
52946	—	—
52947	—	—
52948	—	—
52949	—	—
52950	—	—

INDEX III.

INDEX DES PLANCHES.

PLANCHES.	NUMÉROS DU CATALOGUE.	OBJETS.	PROVENANCE.
I........	52001	Pectoral d'Ousertesen II.	Dahchour.
	52002	— — III.	
II [1]......	52003	Pectoral d'Amenemhat III.	Dahchour.
III.......	52004	Pectoral d'Ahmosis	Drah Abou'l Naggah.
IV.......	52005	Pectoral de Ramsès III.	Deir el-Bahari.
V........	52006	Pectoral de Ramsès III.	Deir el-Bahari.
	52008	Bracelets.	Omm el-Gaab
	52009		
VI.......	52010	Bracelets.	Omm el-Gaab
	52011		
	52017-17 *bis*	Bracelet en deux fragments.	El-Roubayeh.
	52067	Bracelet.	Achat.
VII.......	52022 et 52023	Deux bracelets unis.	Dahchour.
	52028		
	52032	Bracelets (fragments).	
	52051		
VIII......	52019-19 *bis*	Bracelet.	Dahchour.
	52029	Groupe de perles.	
	52041 et 52042	Fermoirs de bracelets.	
	52044		
	52050	Bracelet.	
IX.......	52068	Bracelet-vautour.	Gournah (tombeau de la reine Aah-hotpou).
	52069	Bracelet fond lapis.	
	52070	Bracelets perles.	
	52071		

[1] Le *Catalogue* indique par erreur à la planche II le n° 52010, qui est sur la planche VI.

PLANCHES.	NUMÉROS DU CATALOGUE.	OBJETS.	PROVENANCE.
X.	52073	Bracelets.	Gournah (tombeau de la reine Aah-hotpou).
	52074		
XI.	52083	Bracelets.	Gournah (tombeau de la reine Aah-hotpou).
	52087		
	52089	Bracelet avec pendentifs.	Deir el-Bahari.
	52091	Bracelet.	
XII.	52093	Bracelets.	Toukh el-Garamous.
	52094		
	52095		
	52101		Tell Abou Billouh.
XIII.	52097	Bracelets.	Toukh el-Garamous.
	52099		Zagazig.
	52103		Achat.
	52153	Bracelet (fragment).	
XIV.	52107	Bracelets.	Achat.
	52109		Bahnasa.
	52113		Naga el-Deir.
	52114		Sa el-Hagar.
XV.	52119	Bracelets.	Delta.
	52123		
	52133		
XVI.	52125	Bracelets.	
	52129		
	52134		
	52146		
	52151		Memphis.
XVII.	52136	Bracelets.	
	52140		Tell Abou Billouh.
	52148		Edfou.
	52152		Memphis.

PLANCHES.	NUMÉROS DU CATALOGUE.	OBJETS.	PROVENANCE.
XVIII.....	52575	Bracelet de Ramsès III.	Bubastis.
	52576	— de Ramsès II.	
XIX......	52579	Bracelets.	Achat.
	52580		
	52582		Biban el-Molouk.
	52583		
XX.......	52236	Bagues scarabées.	Dahchour.
	52240		
	52243		
	52244		
	52249		
	52259		
	52399	Boucle d'oreille.	Biban el-Molouk.
	52577	Bracelet de Séti II.	
XXI......	52157	Bagues.	Achat.
	52163		
	52166		Achat (Huber).
	52176		
	52195		Achat.
	52197		
	52202		
	52207		
	52216		
	52587	Bracelet.	Mit Rahineh.
	52593	Boucles d'oreilles.	Toukh el-Garamous.
	52594		
XXII......	52167	Bagues.	Saqqarah.
	52204		Achat (Huber).
	52206		
	52218		
	52238		Dahchour.
	52239		
	52241		
	52245		

PLANCHES.	NUMÉROS DU CATALOGUE.	OBJETS.	PROVENANCE.
XXII (*suite*).	52253 52254 52258 52260	Bagues.	Dahchour.
XXIII.....	52156 52160 52162 52168 52170 52200 52203 52208 52209 52210 52292 52305	Bagues.	 Ouardan. Abousir el-Malaq. Achat. Cheikh Abadeh.
XXIV.....	52165 52174 52175 52192 52193 52198 52199 52212	Bagues.	Abousir. Saqqarah. Gadrah. Achat (Huber).
	52590 à 52593	Boucles d'oreilles.	
XXV......	52248 52257 52266 52267 52293 52297 52304 52306	Bagues.	Dahchour. Biban el-Molouk. Échange. Achat. Mit Rahineh.
	52401 52402	Boucles d'oreilles.	Biban el-Molouk.

PLANCHES.	NUMÉROS DU CATALOGUE.	OBJETS.	PROVENANCE.
XXVI.....	52261	Bague.	Biban el-Molouk.
	52262	Bague de Ramsès II.	
	52263	Bagues.	
	52264		
	52295		
	52296		Achat.
	52298		
	52307		
	52313		Tell el-Roba.
	52331		Biban el-Molouk.
	52586	Bracelet.	
XXVII....	52323	Boucle d'oreille de Ramsès XII.	Abydos.
XXVIII....	52397	Boucle d'oreille de Séti II.	Biban el-Molouk.
XXIX.....	52355	Ornements d'oreilles.	Saqqarah.
	52361		
	52363		
	52372		Saqqarah.
	52373		
	52584		Biban el-Molouk.
	52585		
XXX......	52437	Boucles d'oreilles avec pendentifs.	Achat.
	52438		
	52439		
	52440		
XXXI.....	52368	Ornements d'oreilles.	Tell Tebilleh.
	52443		Mit Rahineh.
	52449		
	52462		
	52463		
	52469		Sa el Hagar.
	52470		
	52473		
	52475		

PLANCHES.	NUMÉROS DU CATALOGUE.	OBJETS.	PROVENANCE.
	52386		
	52387		
	52388		Bubastis.
	52389		
	52393		
XXXII	52396	Ornements d'oreilles.	
	52403		Drah Abou'l Naggah.
	52421		
	52422		
	52434		
	52451		Saqqarah.
	52370		Tell Tebilleh.
	52441		Mit Rahineh.
	52442		
	52452		Zagazig.
	52484		Mit Rahineh.
	52492		
XXXIII....	52495	Ornements d'oreilles.	
	52546		Achat.
	52547		
	52559		
	52561		
	52572		
	52518		Achat.
	52532		
	52534		Achat.
	52537		
	52538		
XXXIV....	52540	Ornements d'oreilles.	
	52541		
	52549		Saqqarah.
	52551		Achat (Huber).
	52552		Achat.
	52566		
XXXV.....	52478	Ornement d'oreilles.	Ouardan

PLANCHES.	NUMÉROS DU CATALOGUE.	OBJETS.	PROVENANCE.
XXXV (*suite*).	52479	Ornements d'oreilles.	Ouardan.
	52511		Achat.
	52512		
	52517		Saqqarah.
	52523		Achat (Huber).
	52524		Zagazig.
	52527		Achat.
	52528		Abydos.
	52529		
XXXVI....	52435	Ornements d'oreilles.	Achat.
	52436		
	52471		
	52472		
	52489		
	52490		Pyramides.
	52554		
	52557		Achat.
	52568		
	52570		
XXXVII...	52504	Ornements d'oreilles.	Achat.
	52505		
	52506		
	52507		
	52508		Djemmemel.
	52509		
XXXVIII...	52641	Couronne.	Illahoun.
XXXIX....	52642	Ornement de coiffure.	Gournah (trésor de la reine Aah-hotpou).
	52649 à 52657	Neuf petites hachettes.	
	52703 et 52704	Deux têtes de lions.	
XL.......	52643	Ornement de poitrine (vautour).	Biban el-Molouk.
	52674	Collier.	

PLANCHES.	NUMÉROS DU CATALOGUE.	OBJETS.	PROVENANCE.
XLI......	52644	Couronne.	Biban el-Molouk.
	53143	Grande coquille en or.	Dahchour.
	53144-53145	Deux griffes en or.	
	53146	Perle losange en or.	
	53147	Trente petites coquilles en or.	
	53148	Une petite coquille en or.	
	53149	Quinze nœuds de cordes.	
XLII......	52645	Hache.	Gournah (trésor de la reine Aah-hotpou).
XLIII.....	52645	Hache.	Gournah (trésor de la reine Aah-hotpou).
XLIV.....	52646	Hachette bronze et or.	Gournah (trésor de la reine Aah-hotpou).
	52647	— bronze.	
	52648	Tranchant de hachette.	
XLV......	52658 et 52659	Poignard d'Ahmosis et fourreau.	Gournah (trésor de la reine Aah-hotpou).
	52660	Poignard.	
XLVI.....	52661	Poignard or et bronze.	Gournah (trésor de la reine Aah-hotpou).
	52705	Flabellum.	
XLVII....	52663	Miroir.	Illahoun.
	52689	Bague (scarabée).	
	52702	Uræus or et pierres.	
	52712	Pectoral.	
XLVIII....	52664	Miroir.	Gournah (trésor de la reine Aah-hotpou).
XLIX.....	52666	Barque en or et chariot.	Gournah (trésor de la reine Aah-hotpou).
	52668		
L........	52670	Chaîne avec scarabée.	Gournah (trésor de la reine Aah-hotpou).

PLANCHES.	NUMÉROS DU CATALOGUE.	OBJETS.	PROVENANCE.
LI	52671 52692	Une chaîne et trois mouches or. Deux mouches argent et or.	Gournah (trésor de la reine Aah-hotpou).
LII	52672 52693	Grand collier. Deux égides.	Gournah (trésor de la reine Aah-hotpou).
LIII	52673 52688 52713	Collier. Bracelet. Pendeloque.	Gournah (trésor de la reine Aah-hotpou).
LIV	52675 à 52678 52690 et 52691 52697 à 52700	Pièces détachées (breloques).	Biban el-Molouk.
	52716	Médaillon.	Tell Moqdam.
LV	52679	Collier en or.	Biban el-Molouk.
	53012 53013	Colliers or et pierres.	Dahchour.
LVI	52682 à 52687	Vingt-cinq pièces de collier or.	Biban el-Molouk.
LVII	52694 à 52696	Trois pièces de suspension pierre.	Biban el-Molouk.
	52721 52723 52724	Pièces de collier pierres.	Tell Moqdam.
	52730	Scarabée de plâtre teinté.	
LVIII à LXI	52701	Tête de faucon or et obsidienne avec les longues plumes.	Hiéraconpolis.
LXII	52714 52717-52718 52726	Couronne uræus. Bracelet. Boîte scorpion.	Tell Moqdam.
LXIII	52715	Pectoral (face).	Tell Moqdam.
LXIV	52715	Pectoral (revers).	Tell Moqdam.

PLANCHES.	NUMÉROS DU CATALOGUE.	OBJETS.	PROVENANCE.
LXV......	52733	Pièces de collier, or.	Gournah (trésor de la reine Aah-hotpou).
LXVI.....	52859 53181	Couronne de Khnoumouît, fils or. Collier or et pierre.	Dahchour. Zagazig.
LXVII....	52860	Couronne de Khnoumouît, or et pierre.	Dahchour.
LXVIII....	52861 et 52862 53076 à 53090	Têtes de faucons or, et pierre. Pièces détachées or, et pierres.	Dahchour.
LXIX.....	52901 52941 53010 53073	Collier. Faucon, pierre. Collier. Tête de vautour or.	Dahchour.
LXX......	52865 52869 52879 53011 53046	Colliers or et pierres.	Dahchour.
LXXI.....	52911 à 52914 52916 à 52940	Griffes, faucons, pièces de collier or et pierres.	Dahchour.
LXXII.....	52893 52894 52954[1] à 974	Colliers petites perles. Pièces de suspension détachées.	Dahchour.
LXXIII....	52975 52976 52977 52978 52979	Breloque grènetis, médaillon or. Collier or. Chaîne papillon or. Collier étoiles or. Vingt-quatre moineaux en or.	Dahchour.
LXXIV....	52982	Poignard de la princesse Ita.	Dahchour.

[1] Le n° 52954 porte par erreur 53954 sur la planche LXXII.

PLANCHES.	NUMÉROS DU CATALOGUE.	OBJETS.	PROVENANCE.
LXXIV (*suite*).	52983 à 52985	Détails du fourreau du poignard.	Dahchour.
LXXV.....	53018 53020	Colliers or et pierres.	Dahchour.
	53255	Coquille en or.	
LXXVI....	53054	Collier améthyste.	Dahchour.
	53055	Collier en or.	
	53069 53091 53125 53131	Colliers en or et pierres.	
LXXVII...	53017	Collier en or et pierres.	Dahchour.
	53070	Coquille or.	
	53071 53072	Cylindres or et pierres.	
	53139	— or.	
	53140	— or et pierres.	
	53151	Lame de poignard argent doré.	
LXXVIII...	53074	Collier ou ceinture (dix coquillages or).	Dahchour.
LXXIX....	53075	Collier ou ceinture? (huit pièces avec têtes de lions or).	Dahchour.
LXXX.....	53100	Miroir (fragment) bronze et or.	Dahchour.
	53104 53105 53106 et 53107 53163	Débris de miroirs or.	
LXXXI....	53150	Fermoir or et pierres.	Dahchour.
	53168	Coquille or.	
	53169-53170	Deux griffes or.	
	53171	Collier or.	
	53172 à 53176	Débris de colliers or.	

PLANCHES.	NUMÉROS DU CATALOGUE.	OBJETS.	PROVENANCE.
LXXXII...	53183	Faucon cuivre doré.	Deir el-Bahari.
LXXXIII...	53184	Collier or et pierres.	Zagazig.
LXXXIV...	53185 53186	Scarabées pierre et or.	
LXXXV....	53187 53188 53189	Colliers or.	Dendérah.
LXXXVI...	53190 53191 53192 53193	Broche or. Cœur cornaline. Statuette céramique. Collier pendentif.	Dendérah.
LXXXVII..	53465 53466 53468 53469	Revêtement de momie, grand collier, ornement de poitrine, sandales, divinités, débris or.	Tell Ibn es-Salam.
LXXXVIII..	53194 à 53197	Colliers argent et pierres (débris).	Mansourah.
LXXXIX...	53198 53199	Pectoraux bois et pierres.	Gournah (tombeau de Hataï).
XC.......	53200 53201	Pectoral bois et pierres. Pectoral pierre et ambre.	Gournah (tombeau de Hataï).
XCI......	53202 53203	Statuettes or.	Achat. Fayoum.
	53204	Plaque or.	
	53205	Breloque or et pierre.	Achat (Huber).
	53206	Déesse or.	
	53207	Divinité or.	Fayoum.
	53208	Breloque or et pierres.	Achat.
	53209	Breloque or et lapis.	

PLANCHES.	NUMÉROS DU CATALOGUE.	OBJETS.	PROVENANCE.
XCI (*suite*)	53210	Breloque or et lapis.	
	53211	Divinité or.	Mansourah.
	53212	Cœur breloque.	Achat (Huber).
	53213	Breloque or et pierre.	
XCII	53319 à 53387	Pièces de suspension, chevet, barque, etc., or et pierres.	Saqqarah.
XCIII		Voir la note insérée à la fin des planches.	Hawara.
XCIV	53214-214*bis*	Deux bouts de doigts, or.	Saqqarah.
	53541 à 53558	Colliers (dix-huit pièces or et pierres).	Saqqarah (tombeau de Pétenéith).
XCV	53215	Flagellum pierres.	
	53216	Scarabée pierres.	Deir el-Bahari.
	53217	*Dad* bois et pierres.	
	53218	Collier or, égides.	Abydos.
XCVI	53220 à 53228	Breloques or et pierres.	Momie de Pinotem II.
	53229	Plaque *oudja*.	Achat.
	53230 à 53232	Trente *oudja* or.	
XCVII	52727	Scarabée pierre.	Tell Moqdam.
	53233 à 53245	Série de pièces de collier or et pierres.	Saqqarah.
XCVIII	53246 à 53254	Divinité plaque or et neuf pièces de suspension or et pierres.	Saqqarah.
XCIX	53669	Pectoral or et pierres.	Toukh el-Garamous.
	53670	Chaîne d'or.	
C	53559 à 53606	Pièces de suspension, chevets, etc. (pierres et céramique).	Saqqarah.

PLANCHES.	NUMÉROS DU CATALOGUE.	OBJETS.	PROVENANCE.
CI.......	53278 à 53282	Petits motifs or, pièces de collier, en tout trente et une pièces en neuf groupes.	Saqqarah.
CII......	53388 à 53463	Petits objets or et pierres.	Saqqarah.
CIII......	53668	Revêtement de momie.	Saqqarah.
CIV......	53259 53260 53261	Vases or. Coupe or.	Tell Basta (Bubastis).
CV.......	53262	Vase à la chèvre (or et argent).	Tell Basta (Bubastis).
CVI......	53263	Plateau argent et or.	Tell Basta (Bubastis).
CVII.....	53264 à 53266	Fragment de coupe, anse de vase et coupe (argent).	Dendérah.
CVIII.....	53267	Coupe argent.	Tell Tmaï (Thmouis).
CIX......	53267 et 53268 53274 à 53277	Orfèvreries d'argent.	Tell Tmaï (Thmouis).
CX.......	53274 et 53275	Vases argent.	Tell Tmaï (Thmouis).
CXI......	53276	Vase argent.	Tell Tmaï (Thmouis).
CXII.....	53277	Vase argent.	Tell Tmaï (Thmouis).
CXIII.....	55671	Coupe argent.	Toukh el-Garamous.

NOTE.

Les 185 objets reproduits sur la planche XCIII représentent les bijoux, les amulettes et l'appareil funéraire d'un certain *Horoudja*. Ils ont été découverts à Hawara (Fayoum) par Sir W. M. Flinders Petrie dans une tombe d'époque saïte; ils figurent ici pour mémoire, on les trouvera décrits dans le volume du *Catalogue général* consacré par M. Reisner aux amulettes.

Bibl. : *Journal d'entrée du Musée*, n° 28734; Fl. Petrie, *Hawara, Biahmu and Arsinoe*, 1889, p. 9; *Catalogue général des Antiquités égyptiennes du Musée du Caire* : Reisner, *Amulets*, nos 12916 à 13100 (encore inédit); Maspero, *Guide du Visiteur*, 1915, p. 440, vitrine IX.

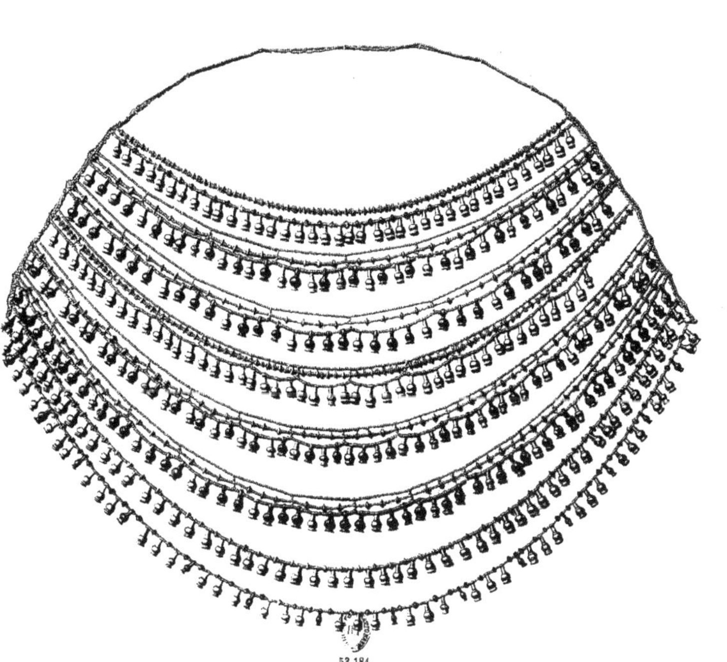

53.184

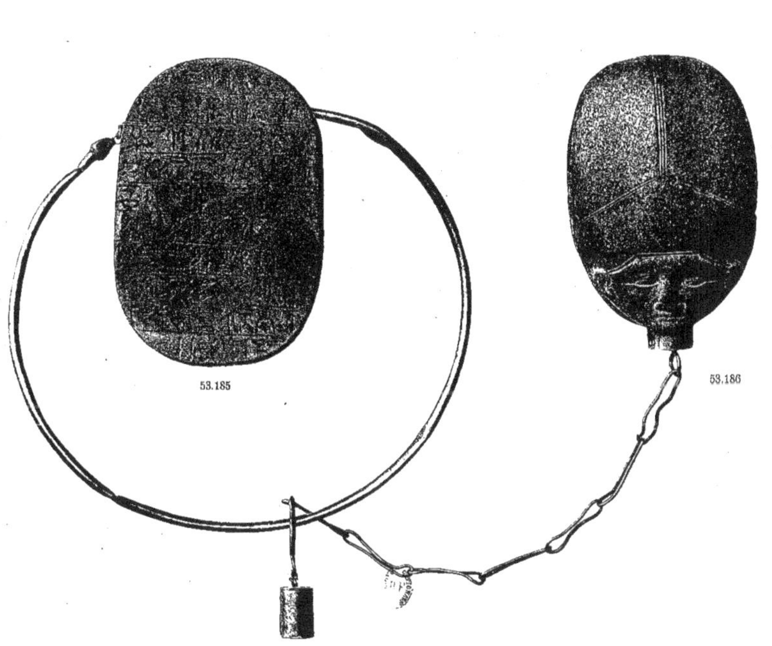
53.185
53.186

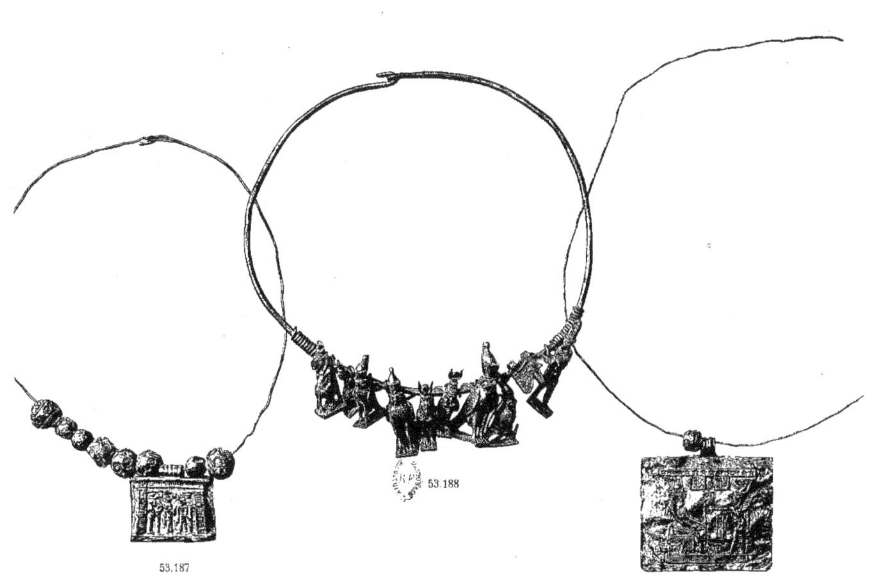

53.187

53.188

53.189

53.190

53.191

53.192

53.193

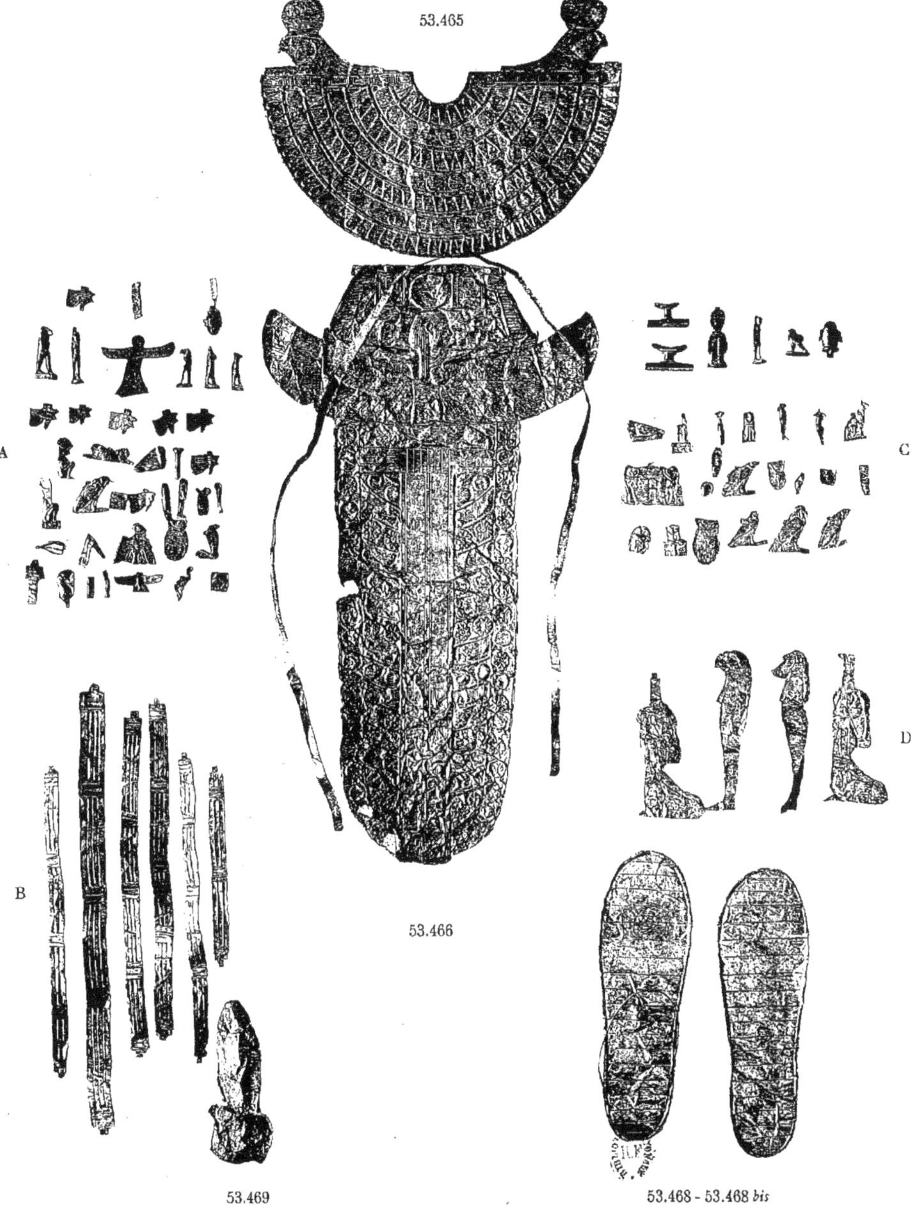

53.465
A
C
D
B
53.466
53.469
53.468 - 53.468 *bis*

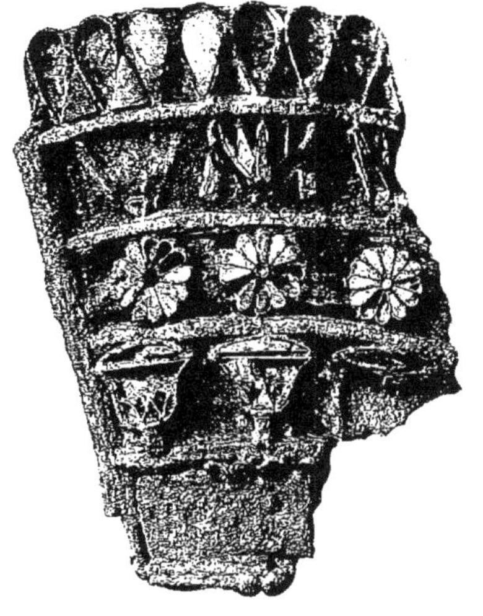

53.194

53.195

53.196

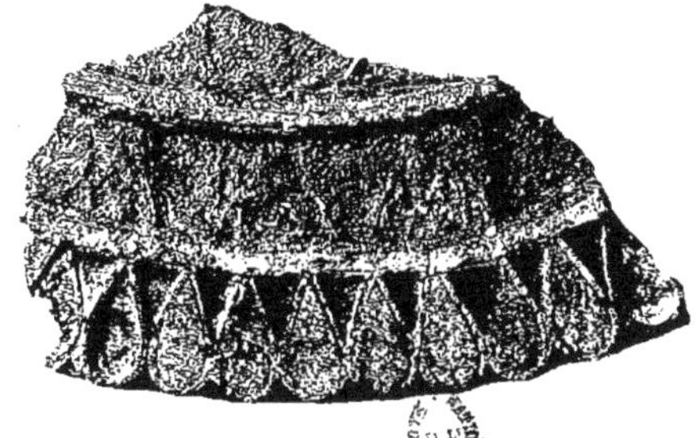

53.197

53.198

53 199

53.200

53.201

53.210
53.202
53.211
53.203
53.204
53.205
53.206
53.212
53.207
53.208
53.209
53.213

53.319

A

B

C

E

D

53.319 à 53.387

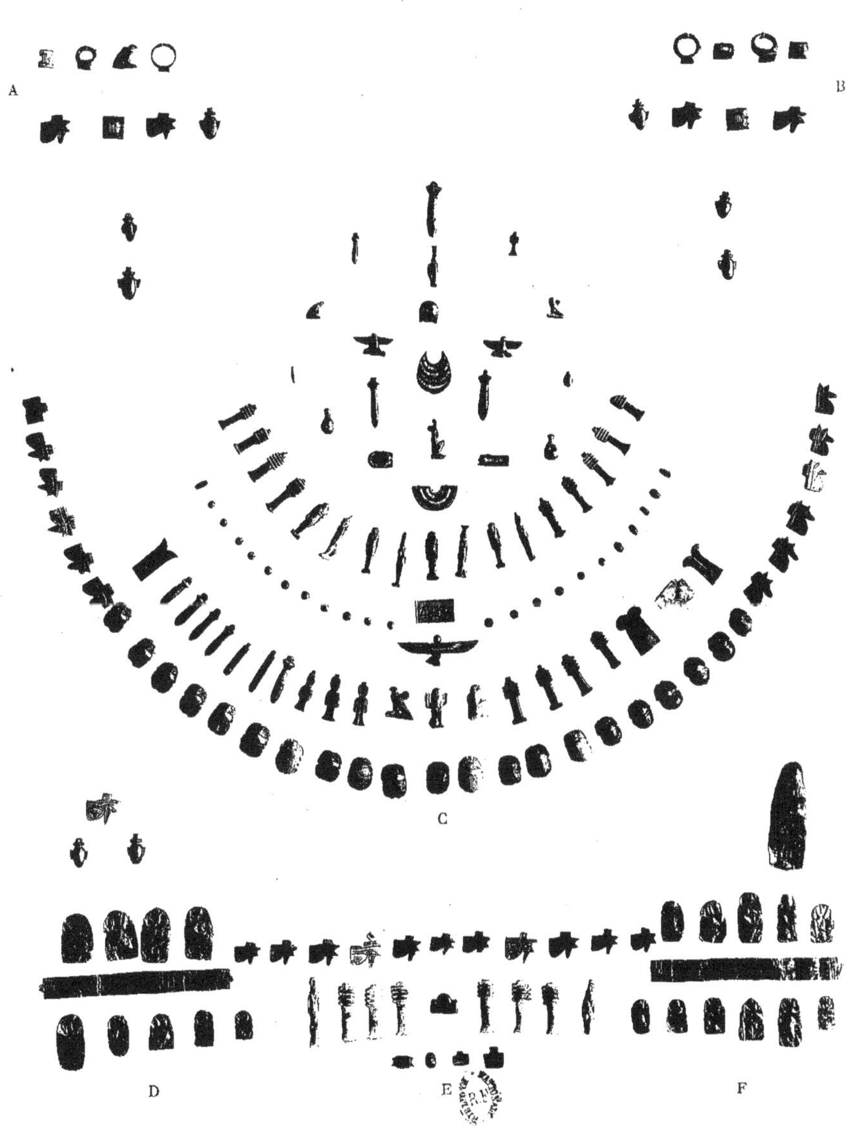

Voir note à la fin des planches

53.541 à 53.558

53.214

53.214 *bis*

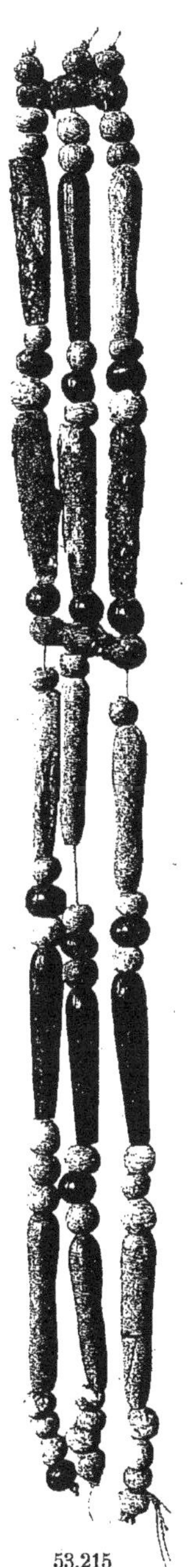

53.215

53.216

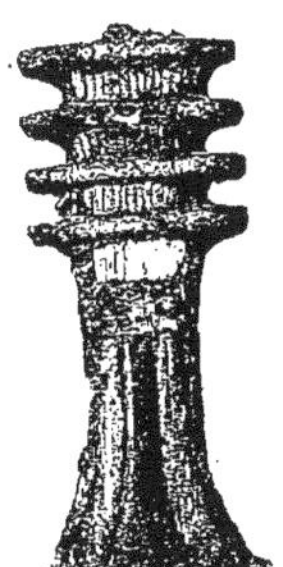

53.217

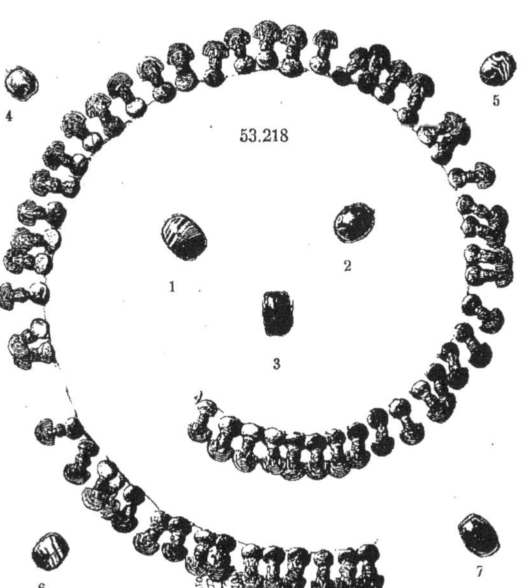

53.218

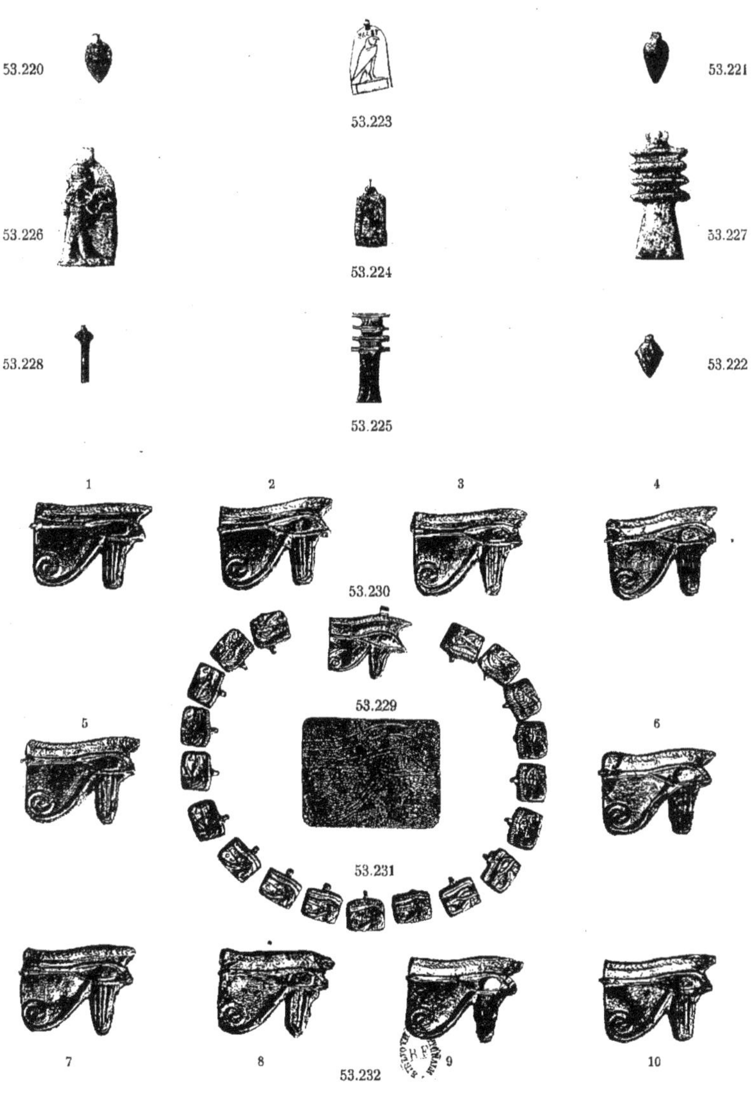

IMP. CATALA FRÈRES, PARIS

52.727

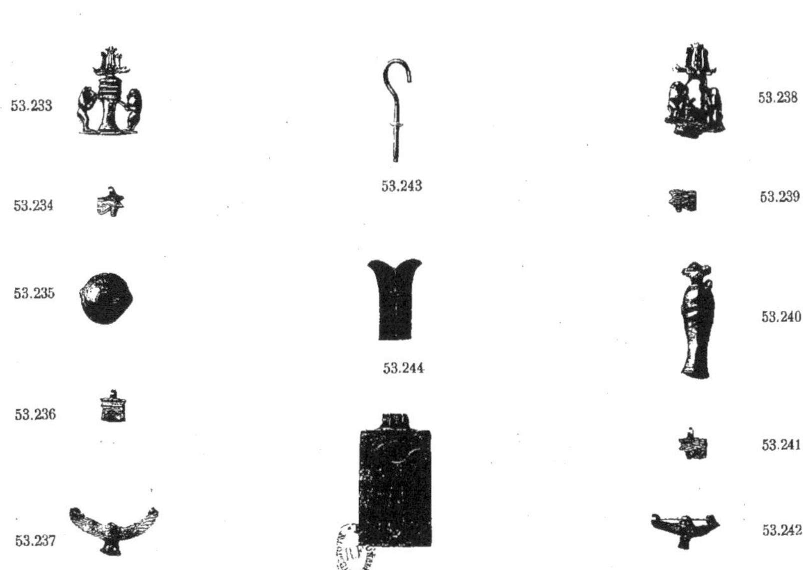

53.233 53.243 53.238

53.234 53.239

53.235 53.240

53.244

53.236

53.241

53.237 53.245 53.242

IMP. CATALA FRÈRES, PARIS

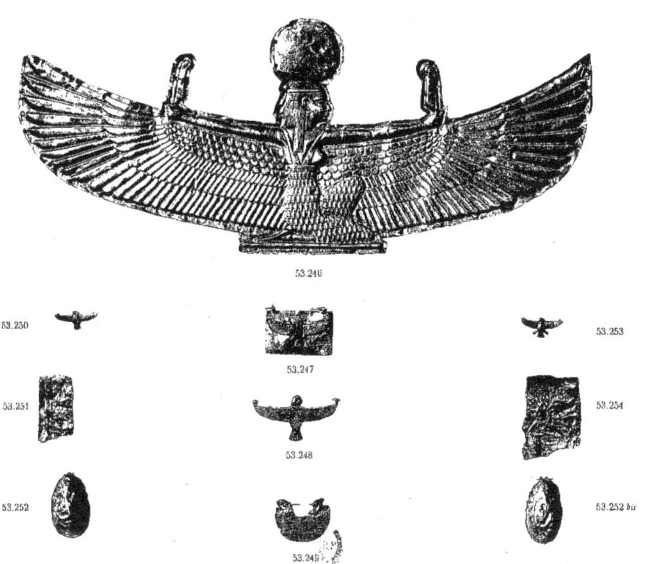

53.246

53.250 53.247 53.253

53.251 53.248 53.254

53.252 53.249 53.252 *bis*

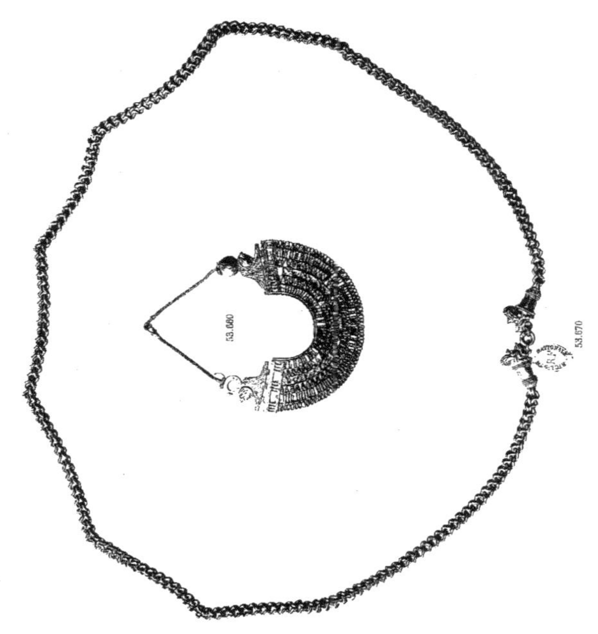

IMP. CATALA FRÈRES, PARIS

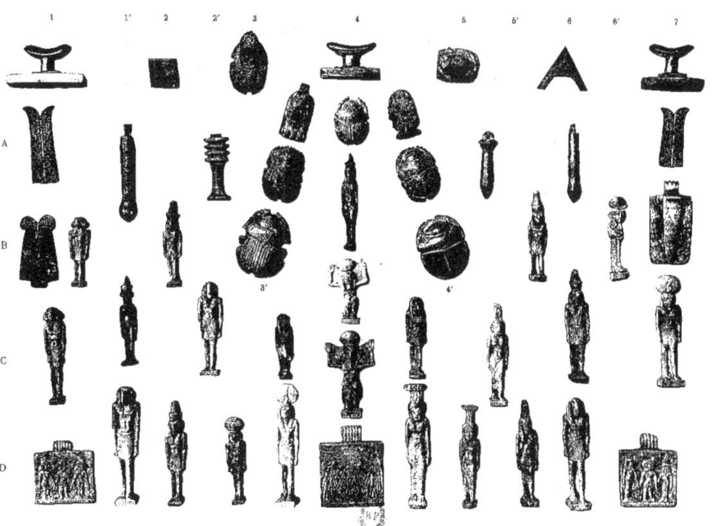

53.559 à 53.606

IMP. CATALA FRÈRES, PARIS

53.383 à 53.463

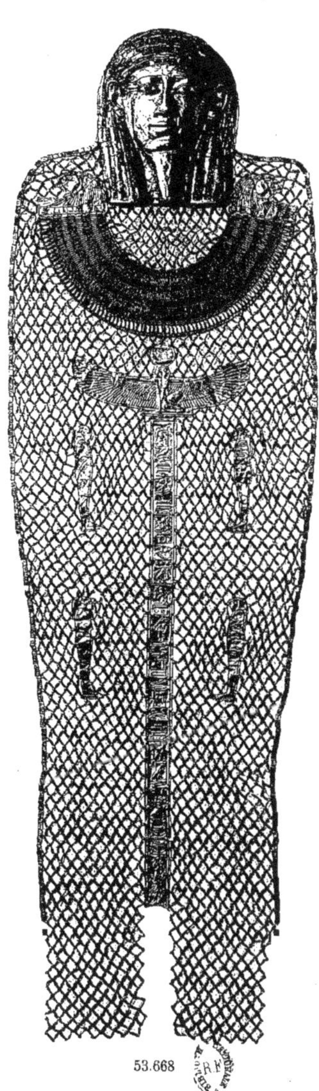

53.668

IMP. CATALA FRÈRES, PARIS.

53.259

53.260

53.261

53.262

IMP. CATALA FRÈRES, PARIS.

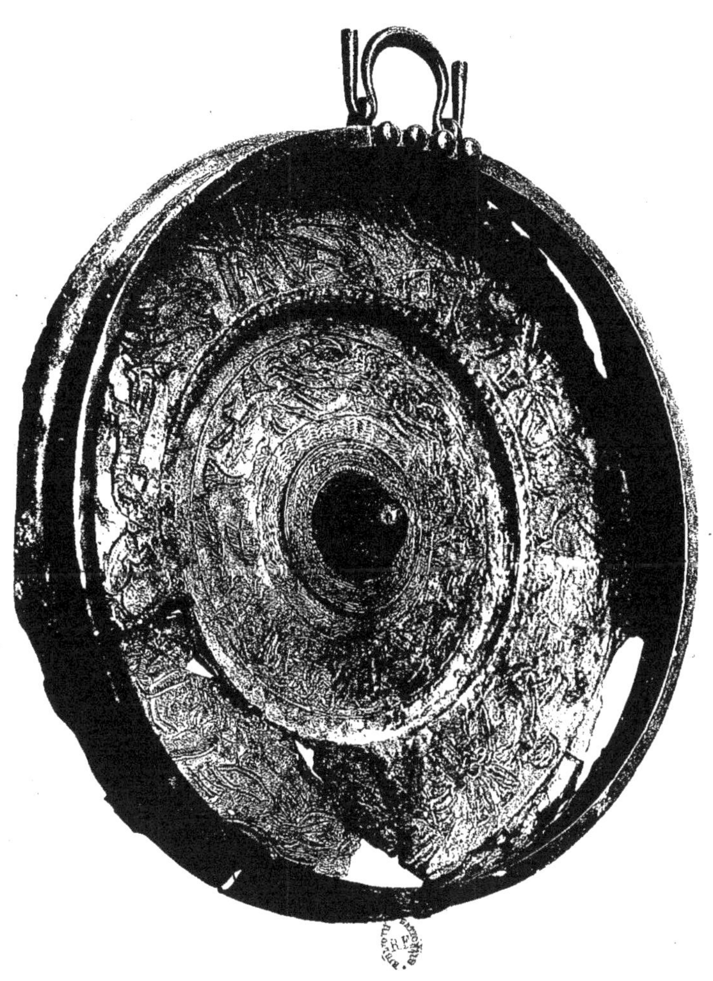

53.263

IMP. CATALA FRÈRES, PARIS

53.264

53.265

53.266

53.267

53.268
53.274
53.276
53.277
53.267
53.275

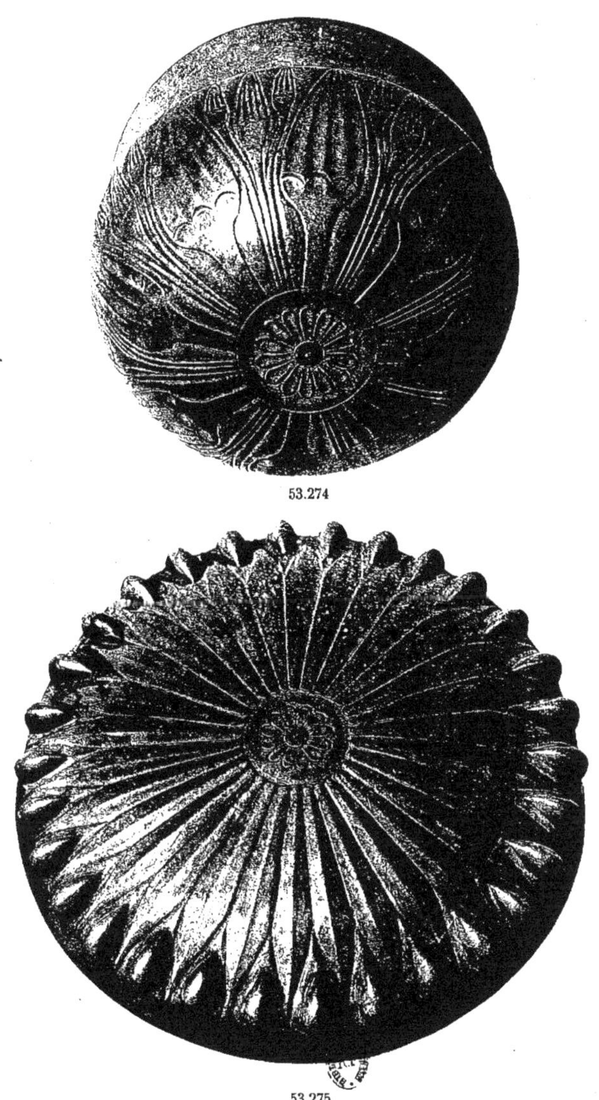

53.274

53.275

IMP. CATALA FRÈRES, PARIS

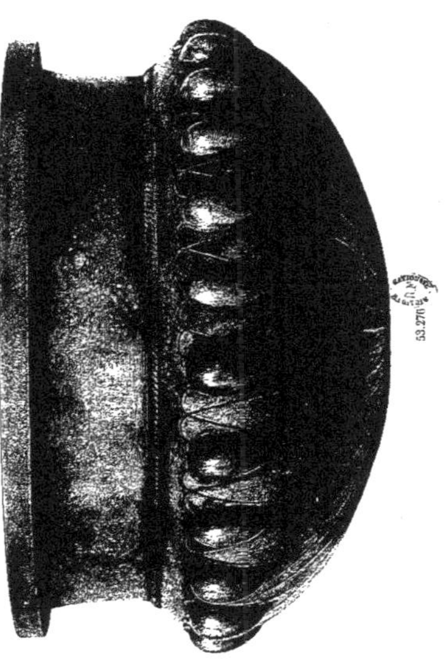

53.277

53.671

IMP. CATALA FRÈRES PARIS

PUBLICATIONS

DU SERVICE DES ANTIQUITÉS DE L'ÉGYPTE (*Suite*).

Les Temples immergés de la Nubie :

In-4° avec planches. — Tome I, 1re livraison, *Rapports*, par G. Maspero et A. Barsanti, Caire, 1909. — Prix : P. T. 193. — 2e livraison, Caire, 1909. — Prix : P. T. 185. — 3e livraison, Caire, 1910. — Prix : P. T. 250. — 4e livraison, Caire, 1911. — Prix : P. T. 97.

Documents sur l'état ancien des monuments. — Tome I, 1re livraison, Caire, 1912. — Prix : P. T. 73. — 2e livraison, Caire, 1920. — Prix : P. T. 125.

Le Temple de Kalabchah, par H. Gauthier. — 1er fascicule, Caire, 1911. — Prix : P. T. 385. — 2e fascicule, Caire, 1911. — Prix : P. T. 300. — 3e fascicule, Caire, 1914. — Prix : P. T. 145.

Le Temple de Ouadi es-Sebouâ, par H. Gauthier. — Tomes I (texte) et II (planches), Caire, 1912. — Prix : P. T. 434 les deux volumes.

Le Temple d'Amada, par H. Gauthier. — 1er fascicule, Caire, 1913. — Prix : P. T. 314.

Debod bis Bab Kalabsche, par G. Roeder. — Tomes I (texte) et II (planches), Caire, 1911. — Prix : P. T. 500 les deux volumes. — Tome III, par F. Zucker, Caire, 1912. — Prix : P. T. 193.

Der Tempel von Dakke, par G. Roeder. — Tome II (planches), Caire, 1913. — Prix : P. T. 290.

The Temple of Dendûr, par Aylward M. Blackman, Caire, 1911. — Prix : P. T. 434.

The Temple of Derr, par Aylward M. Blackman, Caire, 1913. — Prix : P. T. 290.

The Temple of Bîgeh, par Aylward M. Blackman, Caire, 1915. — Prix : P. T. 238.

Catalogue général du Musée du Caire (in-4° avec planches et figures dans le texte) :

Ahmed bey Kamal. *Stèles hiéroglyphiques d'époque ptolémaïque et romaine.* — Tome I (texte), Caire, 1905. — Prix : P. T. 314. — Tome II (planches), Caire, 1904. — Prix : P. T. 265.

— *Tables d'offrandes.* — Tome I (texte), Caire, 1909. — Prix : P. T. 250. — Tome II (planches), Caire, 1906. — Prix : P. T. 193.

Bénédite (G.). *Miroirs*, Caire, 1907. — Prix : P. T. 150.

— *Objets de toilette.* — 1re partie : *Peignes, épingles de tête, étuis et pots à kohol, stylets à kohol*, Caire, 1911. — Prix : P. T. 138.

Bissing (W. von). *Metallgefässe*, Vienne, 1901. — Prix : P. T. 100.

— *Fayencegefässe*, Vienne, 1902. — Prix : P. T. 122.

— *Steingefässe*, Vienne, 1904. — Prix : P. T. 125. — *Introduction et Index*, Vienne, 1907. — Prix : P. T. 49.

— *Tongefässe*, Vienne, 1913. — 1re partie. — Prix : P. T. 122.

Borchardt (L.). *Statuen und Statuetten von Königen und Privatleuten.* — Tome I, Berlin, 1911. — Prix : P. T. 344. — Tome II, Berlin, 1925. — Prix : P. T. 220.

Breccia (E.). *Iscrizioni greche e latine* (Musée d'Alexandrie), Caire, 1911. — Prix : P. T. 315.

— *La Necropoli di Sciatbi* (Musée d'Alexandrie). — Tomes I (texte) et II (planches), Caire, 1912. — Prix : P. T. 550 les deux volumes.

Carter (H.) et Newberry (P.). *The Tomb of Thoutmôsis IV*, Londres, 1904. — Prix : P. T. 250.

Chassinat (É.). *La seconde trouvaille de Deir el-Bahari* (1re partie). — Tome I, 1er fascicule, Caire, 1909. — Prix : P. T. 122.

Crum (W. E.). *Coptic Monuments*, Caire, 1902. — Prix : P. T. 338.

Currelly (Charles T.). *Stone Implements*, Caire, 1913. — Prix : P. T. 343.

Daressy (G.). *Ostraca*, Caire, 1901. — Prix : P. T. 275.

— *Fouilles de la Vallée des Rois.* — 1re partie : *Tombes de Maherpra, Aménophis II*, Caire, 1901. — Prix : P. T. 250. — 2e partie : *Tombes d'Aménophis II et de Thoutmôsis III*, Caire, 1902. — Prix : P. T. 97.

— *Textes et dessins magiques*, Caire, 1902. — Prix : P. T. 88.

— *Statues de Divinités.* — Tome I (texte), Caire, 1906. — Prix : P. T. 313. — Tome II (planches) Caire, 1905. — Prix : P. T. 265.

— *Cercueils des cachettes royales*, Caire, 1909. — Prix : P. T. 410.

PUBLICATIONS

DU SERVICE DES ANTIQUITÉS DE L'ÉGYPTE (*Suite*).

Catalogue général du Musée du Caire (in-4° avec planches et figures dans le texte) [*suite*] :

Edgar (C. C.). *Greek Moulds*, Caire, 1902. — Prix : P. T. 119.
— *Greek Sculpture*, Caire, 1903. — Prix : P. T. 194.
— *Greek Bronzes*, Caire, 1904. — Prix : P. T. 125.
— *Græco-Egyptian Glass*, Caire, 1905. — Prix : P. T. 100.
— *Græco-Egyptian Coffins*, Caire, 1905. — Prix : P. T. 290.
— *Sculptors' Studies and unfinished Works*, Caire, 1906. — Prix : P. T. 218.
— *Greek Vases*, Caire, 1911. — Prix : P. T. 290.
— *Zenon Papyri*. — Volume I, Caire, 1925. — Prix : P. T. 200.

Gaillard et Daressy. *La Faune momifiée de l'antique Égypte*, Caire, 1905. — Prix : P. T. 193.

Gauthier (H.). *Cercueils anthropoïdes des prêtres de Montou*. — 1er fascicule, Caire, 1912. — Prix : P. T. 290. — 2e fascicule, Caire, 1913. — Prix : P. T. 387.

Grenfell et Hunt. *Greek Papyri*, Oxford, 1903. — Prix : P. T. 88.

Lacau (P.). *Sarcophages antérieurs au Nouvel Empire*. — Tome I, 1er fascicule, Caire, 1903. — Prix : P. T. 265. — 2e fascicule, Caire, 1904. — Prix : P. T. 175. — Tome II, 1er fascicule, Caire, 1905. — Prix : P. T. 97. — 2e fascicule, Caire, 1907. — Prix : P. T. 125.
— *Stèles du Nouvel Empire*. — Tome I, 1er fascicule, Caire, 1909. — Prix : P. T. 375.

Lange et Schäfer. *Grab- und Denksteine des mittleren Reichs*. — 1re partie : *Nos 20001-20399* (Texte), Berlin, 1902. — Prix : P. T. 275. — 2e partie : *Nos 20400-20780* (Texte), Berlin, 1908. — Prix : P. T. 375. — 3e partie (Indices), Berlin, 1925. — Prix : P. T. 150. — 4e partie (Planches), Berlin, 1903. — Prix : P. T. 375.

Lefebvre (G.). *Papyrus de Ménandre*, Caire, 1911. — Prix : P. T. 387.

Legrain (G.). *Statues et statuettes de rois et de particuliers*. — Tome I, Caire, 1906. — Prix : P. T. 338. — Tome II, Caire, 1909. — Prix : P. T. 250. — Tome III, Caire, 1914. — Prix : P. T. 250. — *Indices des tomes I, II et III*, par H. Gauthier, Caire, 1925. — Prix : P. T. 32.

Maspero (G.). *Sarcophages des époques persane et ptolémaïque*. — Tome I, 1er fascicule, Caire, 1908. — Prix : P. T. 170. — 2e fascicule, Caire, 1914. — Prix : P. T. 250.

Maspero (Jean). *Papyrus grecs d'époque byzantine*. — Tome I, 1er fascicule, Caire, 1910. — Prix : P. T. 275. — 2e fascicule, Caire, 1911. — Prix : P. T. 193. — Tome II, 1er fascicule, Caire, 1911. — Prix : P. T. 193. — 2e fascicule, Caire, 1912. — Prix : P. T. 125. — 3e fascicule, Caire, 1913. — Prix : P. T. 183. — Tome III, Caire, 1916. — Prix : P. T. 387.

Milne (J. G.). *Greek Inscriptions*, Londres, 1905. — Prix : P. T. 240.

Moret (A.). *Sarcophages de l'époque bubastite à l'époque saïte*. — 1er fascicule, Caire, 1912. — Prix : P. T. 290. — 2e fascicule, Caire, 1913. — Prix : P. T. 250.

Munier (H.). *Manuscrits coptes*, Caire, 1916. — Prix : P. T. 385.

Newberry (P. E.). *Scarab-shaped Seals*, Londres, 1907. — Prix : P. T. 250.

Quibell (J. E.). *Archaic Objects*. — Tome I (texte), Caire, 1905. — Prix : P. T. 250. — Tome II (planches), Caire, 1904. — Prix : P. T. 174.
— *Tomb of Yuaa and Thuiu*, Caire, 1908. — Prix : P. T. 265.

Reisner (G. A.). *Amulets*, Caire, 1907. — Prix : P. T. 193.
— *Models of Ships and Boats*, Caire, 1913. — Prix : P. T. 315.

Roeder (G.). *Naos*, Leipzig, 1914. — Prix : P. T. 375.

Smith (G. Elliot). *The royal Mummies*, Caire, 1912. — Prix : P. T. 375.

Spiegelberg (W.). *Die demotischen Denkmäler*. — 1re partie : *Die demotischen Inschriften*, Leipzig, 1904. — Prix : P. T. 150. — 2e partie : *Die demotischen Papyrus*. Tome I (texte), Strasbourg, 1908. — Prix : P. T. 193. — Tome II (planches), Strasbourg, 1906. — Prix : P. T. 385.

Strzygowski. *Koptische Kunst*, Vienne, 1904. — Épuisé.

Vernier (É.). *Bijoux et orfèvreries*. — Tome I, 1er fascicule, Caire, 1907. — Prix : P. T. 117. — 2e fascicule, Caire, 1909. — Prix : P. T. 194. — 3e fascicule, Caire, 1925. — Prix : P. T. 260.

Weigall (Arthur E. P.). *Weights and Balances*, Caire, 1908. — Prix : P. T. 88.

EN VENTE :

Au MUSÉE DU CAIRE et chez les principaux libraires du Caire;
Aux éditions Ernest LEROUX, 28, rue Bonaparte, Paris (VIe);
Chez Bernard QUARITCH Ltd., 11, Grafton Street, New Bond Street, Londres, W. 1;
Chez Karl W. HIERSEMANN, 29, Königstrasse, Leipzig.

www.ingramcontent.com/pod-product-compliance
Ingram Content Group UK Ltd.
Pitfield, Milton Keynes, MK11 3LW, UK
UKHW020322250726
13967UKWH00004B/1806

9 782012 942141